GERENCIAMENTO E AUTOMAÇÃO DE ARMAZÉM

Daniele Melo de Oliveira

GERENCIAMENTO E AUTOMAÇÃO DE ARMAZÉM

Rua Clara Vendramin, 58 :: Mossunguê
CEP 81200-170 :: Curitiba :: PR :: Brasil
Fone: (41) 2106-4170
www.intersaberes.com
editora@intersaberes.com

Conselho editorial
Dr. Ivo José Both (presidente)
Drª. Elena Godoy
Dr. Neri dos Santos
Dr. Ulf Gregor Baranow

Editora-chefe
Lindsay Azambuja

Gerente editorial
Ariadne Nunes Wenger

Assistente editorial
Daniela Viroli Pereira Pinto

Preparação de originais
Gustavo Piratello de Castro

Edição de texto
Larissa Carolina de Andrade

Capa
Luana Machado Amaro (*design*)
Petinov Sergey Mihilovich/Shutterstock (imagem)

Projeto gráfico
Bruno Palma e Silva

Diagramação
Kátia P. Irokawa Muckenberger

Equipe de *design*
Débora Gipiela
Luana Machado Amaro

Iconografia
Sandra Lopis da Silveira
Regina Claudia Cruz Prestes

Dados Internacionais de Catalogação na Publicação (CIP)
(Câmara Brasileira do Livro, SP, Brasil)

Oliveira, Daniele Melo de
    Gerenciamento e automação de armazém/Daniele Melo de Oliveira. Curitiba: InterSaberes, 2021.

    Bibliografia.
    ISBN 978-65-5517-942-2

    1. Armazenagem 2. Armazéns – Administração 3. Automação 4. Distribuição física dos bens 5. Inovações tecnológicas 6. Logística (Organização) 7. Materiais – Manipulação I. Título.

21-55762   CDD-658.785

Índices para catálogo sistemático:
1. Armazenagem: Logística: Administração de empresas 658.785

Cibele Maria Dias – Bibliotecária – CRB-8/9427

1ª edição, 2021.

Foi feito o depósito legal.

Informamos que é de inteira responsabilidade da autora a emissão de conceitos.

Nenhuma parte desta publicação poderá ser reproduzida por qualquer meio ou forma sem a prévia autorização da Editora InterSaberes.

A violação dos direitos autorais é crime estabelecido na Lei n. 9.610/1998 e punido pelo art. 184 do Código Penal.

sumário

apresentação 7
como aproveitar ao máximo este livro 9

Capítulo 1
Armazenagem
    1.1 Conceito de armazenagem e suas implicações logísticas 17
    1.2 Missão e objetivos da armazenagem 25
    1.3 Gerenciamento estratégico de armazéns 29
    1.4 Capacitação para gerenciamento de armazém 39

Capítulo 2
Expertise em gestão de armazém
    2.1 *Expertise* do gestor de armazém 48
    2.2 Escolha da localização do armazém 57
    2.3 Tipos de armazenagem: escalonada, direta ou mista 69

Capítulo 3
Espaços físicos e capacidade de estocagem
3.1 Espaço físico *versus* capacidade de estocagem   81
3.2 Tipos de estruturas porta-paletes   85
3.3 Planejamento das operações intralogísticas   95
3.4 Recebimento de produtos   101

Capítulo 4
Controle de qualidade de entrada
4.1 Procedimento de controle de qualidade de entrada   112
4.2 Movimentação e abastecimento internos   120
4.3 Gestão de estoques   125
4.4 Separação de pedidos (*picking*)   131
4.5 Embalagem dos produtos e montagem dos pedidos   135

Capítulo 5
Atividades de expedição
5.1 Procedimentos de expedição   142
5.2 Uso de robôs nos armazéns   145
5.3 Processo de automação   149
5.4 Automação e WMS   154
5.5 Código de barras   162

Capítulo 6
Introdução ao armazém do futuro
6.1 O armazém do futuro   172
6.2 Custos da armazenagem   177
6.3 Indicadores de desempenho   185
6.4 Tendências na armazenagem   189
6.5 Soluções inovadoras   191

estudo de caso   197
considerações finais   201
referências   205
bibliografia comentada   211
sobre a autora   215

apresentação

A logística está presente no dia a dia das sociedades em praticamente todas as atividades de sobrevivência: alimentação, vestuário, entretenimento ou trabalho. Na entrega de produtos e serviços, os clientes, mesmo sem saber, entram em contato com a logística, que integra às ações de planejamento, compras, produção, movimentação, estoque, armazenagem e transporte.

Além das necessidades de sobrevivência de mercado ligadas à produção, os desejos de consumo geram uma maior demanda e o consequente aumento da manufatura e das atividades logísticas. Quanto mais tecnicamente planejadas forem as estratégias logísticas, maior será o consumo e o decorrente crescimento das indústrias, que podem viabilizar de maneira mais eficaz a produção e a entrega de materiais, além de capacitar seus funcionários. Dessa forma, cresce a cada dia o mercado de trabalho para os profissionais que detêm conhecimentos em logística, sobretudo nas inovações que envolvem os processos de armazenagem.

O profissional de logística pode ajudar as empresas a se destacar no mercado globalizado, cada vez mais competitivo, cuja concorrência, muitas vezes, é até mesmo desleal, ampliando o valor de seus produtos e serviços pela qualidade e pela organização de seus processos internos.

Para tanto, faz-se necessário o conhecimento dos segmentos logísticos e do perfil dos clientes que se pretende atender, a fim de direcionar produtos e serviços específicos a eles, no local, na data e no horário solicitados. Dessa forma, é possível antecipar as demandas nos armazéns e estocar matérias-primas e produtos acabados necessários para abastecer o mercado, sem deixar que faltem artigos tanto no atacado quanto no varejo.

Nesta obra, apresentaremos os principais conceitos de armazenagem, especialmente os relativos aos processos automatizados, bem como suas aplicações nas diversas áreas industriais. Com conteúdos simples e objetivos, os capítulos dispõem de uma linguagem dialógica, oportunizando a ampliação do conhecimento em logística e armazenagem.

Ainda, trataremos de grandes autores que contribuíram para a área de logística e armazenagem. Além disso, também estarão em foco, neste estudo, as seguintes áreas: gestão de empresas, inovações e tecnologia da informação, que são fundamentais para a promoção das organizações.

como aproveitar ao máximo este livro

Empregamos nesta obra recursos que visam enriquecer seu aprendizado, facilitar a compreensão dos conteúdos e tornar a leitura mais dinâmica. Conheça a seguir cada uma dessas ferramentas e saiba como elas estão distribuídas no decorrer deste livro para bem aproveitá-las.

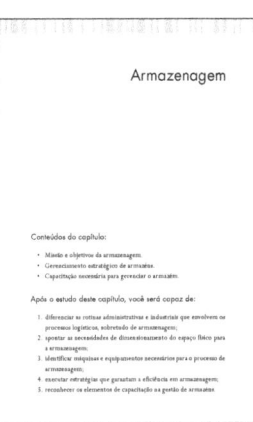

Conteúdos do capítulo
Logo na abertura do capítulo, relacionamos os conteúdos que nele serão abordados.

Após o estudo deste capítulo, você será capaz de:
Antes de iniciarmos nossa abordagem, listamos as habilidades trabalhadas no capítulo e os conhecimentos que você assimilará no decorrer do texto.

Para saber mais
Sugerimos a leitura de diferentes conteúdos digitais e impressos para que você aprofunde sua aprendizagem e siga buscando conhecimento.

Curiosidade

Nestes boxes, apresentamos informações complementares e interessantes relacionadas aos assuntos expostos no capítulo.

Exemplificando

Disponibilizamos, nesta seção, exemplos para ilustrar conceitos e operações descritos ao longo do capítulo a fim de demonstrar como as noções de análise podem ser aplicadas.

Exercícios resolvidos

Nesta seção, você acompanhará passo a passo a resolução de alguns problemas complexos que envolvem os assuntos trabalhados no capítulo.

Preste atenção
Apresentamos informações complementares a respeito do assunto que está sendo tratado.

Perguntas & respostas
Nesta seção, respondemos às dúvidas frequentes relacionadas aos conteúdos do capítulo.

Síntese
Ao final de cada capítulo, relacionamos as principais informações nele abordadas a fim de que você avalie as conclusões a que chegou, confirmando-as ou redefinindo-as.

Estudo de caso

Nesta seção, relatamos situações reais ou fictícias que articulam a perspectiva teórica e o contexto prático da área de conhecimento ou do campo profissional em foco com o propósito de levá-lo a analisar tais problemáticas e a buscar soluções.

Armazenagem

Conteúdos do capítulo:

- Missão e objetivos da armazenagem.
- Gerenciamento estratégico de armazéns.
- Capacitação necessária para gerenciar o armazém.

Após o estudo deste capítulo, você será capaz de:

1. diferenciar as rotinas administrativas e industriais que envolvem os processos logísticos, sobretudo de armazenagem;
2. apontar as necessidades de dimensionamento do espaço físico para a armazenagem;
3. identificar máquinas e equipamentos necessários para o processo de armazenagem;
4. executar estratégias que garantam a eficiência em armazenagem;
5. reconhecer os elementos de capacitação na gestão de armazéns.

Você já parou para pensar que todos os produtos que utiliza diariamente, desde os materiais de higiene até os de gênero alimentício, precisam de um amplo serviço de logística pautado, sobretudo, na armazenagem? Mesmo sem perceber, a armazenagem está presente em boa parte das atividades diárias e dos produtos consumidos. Mas você sabe o que significa logística?

capítulo 1

O termo *log* origina-se de *lógica* e **ística** advém de *movimentação*, ou seja, *logística* significa a "lógica da movimentação". Nas indústrias, a logística garante o fluxo das informações entre as diversas funções do negócio organizacional, garantindo que uma matéria-prima seja armazenada corretamente, encaminhada ao sistema de produção, embalada, estocada, movimentada e transportada, por terra, água, ar ou trilhos, até que o produto chegue ao cliente. Podemos entender todo esse processo como uma cadeia de grande valor. Isso mesmo: *valor*, pois toda essa dinâmica de processo vale muito dinheiro, ou seja, há custos em todas as operações logísticas, que, posteriormente, serão revertidos à empresa em forma de lucro por meio das vendas.

> *A logística empresarial estuda como a administração pode prover melhor nível de rentabilidade nos serviços de distribuição aos clientes e consumidores, através de planejamento, organização e controle efetivos para as atividades de movimentação e armazenagem que visam facilitar o fluxo de produtos. (Ballou, 2013, p. 17)*

A logística faz parte de um processo de aperfeiçoamento entre as diversas áreas empresariais necessárias para que um processo produtivo aconteça, favorecendo o ganho de competitividade, logo, ela é um "braço" importante das funções da organização.

A Figura 1.1 mostra a dinâmica de um processo logístico, composto de diversas operações, como recebimento de materiais, movimentação manual e mecânica, conferência, estoque, embalagem e transporte.

Figura 1.1 – Processo logístico

A logística também está atrelada à gestão de informação, visto que precisa garantir o abastecimento dessa imensa cadeia de valor. Para Bowesox e Closs (2010, p. 20), "a logística envolve a integração de informações, transporte, estoque, armazenamento, manuseio de materiais e embalagem". Por exemplo, indústrias farmacêuticas fornecem medicamentos a hospitais, postos de saúde, farmácias e centros logísticos devido a um amplo sistema de gestão logística.

É difícil determinar com exatidão a origem da logística, mas acredita-se que ela sempre esteve presente na história da humanidade, desde o tempo dos homens das cavernas, que se preocupavam com o armazenamento de alimentos em períodos rigorosos de inverno. Contudo, ela ganhou maior espaço no período das duas grandes guerras mundiais, quando o vencedor era quem tinha a melhor estratégia para armazenar e para movimentar armas, alimentos e medicamentos.

Ao longo dos tempos, a logística vêm evoluindo de acordo com as necessidades das sociedades. Ela tornou-se, inclusive, unidade curricular em muitos cursos, como os de Engenharia e de Administração, e ganhou espaço próprio em cursos de especialização, qualificação, graduação e pós-graduação, entre outras fontes de estudo e geração de conhecimento. Portanto, o campo da logística é amplo e visa a atender às demandas das indústrias e das sociedades.

1.1 Conceito de armazenagem e suas implicações logísticas

O que é armazenagem? A armazenagem é o processo que gerencia os espaços físicos, bem como o *layout* desses espaços a fim de estocar matérias-primas e produtos acabados. A armazenagem é um processo que faz parte dos estudos da logística. Para Ching (1999, p. 123), "a logística é a responsável por controlar toda a movimentação de materiais desde o transporte para chegada da matéria-prima para a produção até a entrega do produto final ao cliente". Atualmente, esse processo é bastante dinâmico, e grande parte das empresas conta com ferramentas da tecnologia da informação e equipamentos de movimentação e segurança, como empilhadeiras, paleteiras manuais e elétricas, além dos materiais de segurança e sustentação, como os paletes. Para Rodrigues (2009, p. 18) trata-se de:

> *Gerenciar eficazmente o espaço tridimensional de um local adequado e seguro, colocado à disposição para a guarda de mercadorias que serão movimentadas rápida e facilmente, com técnicas compatíveis às respectivas características, preservando a sua integridade física e entregando-a a quem de direito no momento aprazado.*

As máquinas e os equipamentos cada vez mais tecnológicos auxiliam o processo de comunicação interna entre os setores da empresa, otimizando a produção e o atendimento qualitativo ao cliente na entrega de produtos e serviços.

Devido as evoluções tecnológicas, a informação tornou-se uma potente ferramenta de gerência que pode gerar transparência e confiabilidade aos processos de abastecimento. Manter o cliente informado sobre a situação do pedido, rastrear cargas ou contêineres através de sistemas modernos de rastreamento tracking e programar de forma eficiente as entregas, são apenas alguns exemplos do poder da informação. Uma cadeia de abastecimento não utilizará somente informações precisas, mas deve empregá-la para aprimorar os planejamentos de custos e estoques. (Silva, 2013, p. 21)

A Figura 1.2 mostra o uso das empilhadeiras nas indústrias. Elas são bastante úteis nos processos logísticos de movimentação e de armazenagem, mas requerem treinamento específico dos operadores, salvaguardando o manuseio correto e seguro dos materiais e dos colaboradores que interagem com os processos de produção.

Figura 1.2 – Empilhadeira

Roman Zaiets/Shutterstock

O palete de madeira (Figura 1.3) é bastante utilizado para a sustentação de materiais e transporte pelas empilhadeiras. Em ambientes de armazenagem refrigerado, é indicado o uso de paletes de polietileno.

Figura 1.3 – Palete

As empresas contratantes, como as indústrias, são as responsáveis pela reciclagem do conhecimento técnico dos operadores de máquinas pesadas, como empilhadeiras, paleteiras e guinchos, por meio da realização de cursos devidamente regulamentados em cumprimento com a Norma Regulamentadora 11 (NR 11) (Brasil, 1978).

Para saber mais

BRASIL. Ministério do Trabalho. Norma Regulamentadora 11 – NR 11: transporte, movimentação, armazenagem e manuseio de materiais. **Diário Oficial da União**, Poder Executivo, Brasília, DF, 6 jul. 1978. Disponível em: <http://www.guiatrabalhista.com.br/legislacao/nr/nr11.htm>. Acesso em: 5 jan. 2021.

Na NR 11, você poderá consultar os itens da legislação quanto à saúde e à segurança dos trabalhadores no manuseio de materiais, máquinas e equipamentos utilizados para o transporte, movimentação e manuseio de materiais nos processos de armazenagem.

Nem sempre a armazenagem foi assim, tão dinâmica, mecanizada e informatizada. Com o início das relações formais de consumo da sociedade, o comércio era desenvolvido por escambo, ou seja, trocas, e os processos de armazenagem eram bastante rudimentares.

> *É possível afirmar que o conceito de armazenagem tem início com a observação pelo homem da alternância entre períodos de fartura e de escassez e está intrinsecamente relacionada com a necessidade de abastecimento dos povos. A armazenagem foi estabelecida no exato momento em que o ser humano primitivo descobriu que podia guardar para uso futuro os produtos excedentes às suas necessidades atuais, ou ainda para permutá-los com outros produtos dos quais não dispunha (escambo).* (Rodrigues, 2009, p. 11)

Por causa da simplicidade das operações, as mercadorias permaneciam por muito tempo nas prateleiras até serem vendidas, sem que houvesse a preocupação se os produtos estavam velhos ou encalhados. Como não existia legislação em prol de processos de qualidade, grande parte dos produtos ficava parada, sem a atenção com a gestão de entradas e saídas, tampouco com estratégias de promoção e liquidações, de forma a girar os estoques e garantir que o primeiro produto que entrasse na prateleira fosse o primeiro a sair dela. Atualmente, esse processo de gerenciamento de estoques é conhecido na literatura como *Fifo (First in, First out)*, que significa que o primeiro produto a entrar deve ser o primeiro a sair dos estoques. Trata-se de um sistema bastante simples de estoque de materiais que garante maior qualidade e o cumprimento de prazos de validade dos materiais.

A Figura 1.4 representa os primeiros armazéns. Esse modelo é demonstrado com recorrência em filmes e em novelas de época.

Figura 1.4 – Armazém antigo

As necessidades de consumo, com o passar do tempo, tornaram-se cada vez mais imediatas, exigindo processos mais eficientes. Assim, um dos objetivos mais importantes e desafiadores do processo de armazenagem é criar mecanismos que auxiliem a entrega rápida, ou seja, o produto ou o serviço deve chegar ao destino final no tempo programado e com o menor custo possível. Segundo Dias (1993, p. 14), "o principal objetivo desse sistema é obter o máximo de eficiência do setor de serviços com o menor custo possível". Para isso, a logística desenvolve projetos com rotas de circulação e fomenta modais de transportes e demais elementos relacionados a produtos e serviços a fim de atender às expectativas dos clientes, que são cada vez mais exigentes.

Curiosidade

Inicialmente, o ressuprimento de pedidos e produtos poderia levar dias ou, até mesmo, semanas, pois as mercadorias eram encaixotadas e despachadas por estradas de ferro.

Vale destacar os processos logísticos e tecnológicos envolvidos, por exemplo, no uso do leite industrializado até que esteja pronto para o consumo (Figura 1.5).

Figura 1.5 – Leite industrializado

Nesse processo, além da tecnologia de pasteurização, há todo um sistema logístico que envolve o armazenamento da matéria-prima, o processamento do material, a embalagem, o estoque do produto acabado e o transporte para a entrega ao cliente. Para Dias (1993, p. 12), "a logística é composta por dois subsistemas de atividades: a administração de materiais e a distribuição física". O sistema logístico atua diretamente na cadeia do canal de distribuição da organização.

Para que uma indústria consiga colocar um produto ou um serviço no mercado, por exemplo, uma caixinha de leite, é necessário o desenvolvimento de um projeto de produção pautado em sistemas logísticos. A eficiência desse projeto depende de que a empresa realize uma análise da eficiência de sua cadeia de suprimentos para a armazenagem, questionando os seguintes aspectos:

- Qual é o volume de compras necessário para a produção?
- Quanto à entrega dos produtos ou serviços, a empresa tem capacidade de atender aos prazos com qualidade e segurança?

- Onde se localizam os principais fornecedores?
- Quais são os padrões de suprimentos das principais matérias-primas utilizadas?
- Os serviços prestados pelos principais fornecedores em relação a prazos, à segurança e à qualidade de entrega estão dentro das expectativas de produção?

Com base nas respostas a essas perguntas, a empresa pode encontrar os pontos mais críticos de sua cadeia de suprimentos, de forma que não haja desabastecimento nos armazéns e não faltem produtos e serviços no mercado. Se for necessário, o gestor logístico deve adotar medidas para o abastecimento dos estoques da indústria, de forma a garantir a produção.

Mas qual deve ser a primeira etapa de um projeto logístico? O **planejamento**, visto que as decisões que envolvem a armazenagem pretendem alcançar os objetivos preestabelecidos na fase de planejamento. Dessa forma, a entrega de produtos e serviços aos clientes, com a finalidade de garantir a eficiência do processo de produção, faz parte dessa etapa.

O planejamento de estoques é uma atividade importante, pois regula e representa as capacidades de produção e de venda de uma empresa. Para Moura (2004, p. 25), "estoque é composto de todo item armazenado que será utilizado pela empresa em suas atividades de produção ou administrativas para atender aos objetivos e às necessidades da organização". Maximiano (2011, p. 350) explica que o processo de planejamento ocorre de modo

> *gradual e sucessivo. A primeira ideia do projeto, em muitos casos, passa por um processo de avaliação de seu interesse e viabilidade. Uma empresa, por exemplo, pode avaliar ideias e produtos com base no potencial de mercado, na capacidade de fabricação dos produtos e na disponibilidade de recursos financeiros. Se a ideia for aprovada, um plano com maior número de detalhes pode ser preparado. Esse plano poderá passar por outro processo de avaliação e, sucessivamente, no nício do projeto ou no início de cada uma de suas fases. As etapas de avaliação, ou análise crítica são chamadas de filtros do projeto.*

Após o planejamento é que devem ocorrer as etapas de execução, controle e aplicação de ações corretivas da gestão da produção. A produção pode ser definida como a especificação de *inputs* (entradas) necessários para produzir determinadas quantidades de *outputs* (saídas), de acordo com a matéria-prima e a tecnologia disponíveis. Os estoques, então, envolvem todo o abastecimento de materiais da empresa que podem ser usados para a transformação em bens acabados (produtos).

Exemplificando

Imagine uma produção de ovos de Páscoa. Para que um ovo de chocolate esteja disponível nas prateleiras dos supermercados, na época da Páscoa, faz-se necessário o planejamento para a realização de compras e estoques de matéria-prima, nesse caso, o chocolate, além do processamento em um ambiente de produção para o posterior processo de embalagem e distribuição física.

Portanto, a gestão estratégica de armazenagem é essencial para que as empresas se mantenham competitivas no mercado globalizado, mediante a capacidade intelectual dos colaboradores e a capacidade técnica das máquinas e dos equipamentos. Ainda que em um curto espaço de tempo, é preciso manter a qualidade dos produtos e serviços e garantir, ao mesmo tempo, a eficiência e a lucratividade.

Segundo Chiavenato (1999, p. 283):

> *a administração é conceituada como o processo que se utiliza de recursos organizacionais, humanos, materiais, financeiros e de informação e tecnologia para tomadas de decisões, ou seja, a administração é o ato de trabalhar com e através de pessoas para realizar os objetivos, tanto da organização quanto de seus membros.*

Toda empresa tem por objetivo fabricar um produto ou serviço que satisfaça às necessidades dos clientes, obtendo lucros necessários para sobreviver. Para tanto, gestores habilitados trabalham em prol da eficiência (fazer algo bem e corretamente) e da eficácia (atingir objetivos e resultados). Chiavenato (1999) defende que as pessoas são a chave do sucesso do administrador, logo, elas ocupam um lugar de excelência quando o assunto é a manutenção de negócios de uma organização.

1.2 Missão e objetivos da armazenagem

O que significa *missão*? De forma geral, qual é a missão de um comércio, por exemplo? Promover vendas, certo?

Logicamente, cada ramo do comércio apresenta suas especificidades, ou seja, vende um produto específico. A **missão** de uma empresa traduz sua razão de ser, é o motivo de sua existência. Para Kotler e Keller (2012, p. 40), "As melhores declarações de missão são aquelas guiadas por uma visão, uma espécie de 'sonho impossível' que proporciona à empresa um direcionamento para os próximos 10 a 20 anos". A missão conduz uma empresa a cumprir com seus objetivos orientando suas ações a longo prazo, a fim de atender plenamente ao cliente.

Portanto, a missão é o coração da empresa. Sem definir a missão, a organização pode perder-se em seu propósito. Por exemplo, a missão da Administração dos Portos de Paranaguá e Antonina é descrita da seguinte maneira:

> *Administrar, desenvolver e fiscalizar as atividades dos Portos do Paraná oferecendo soluções de qualidade aos seus stakeholders, proporcionando excelência logística, competitividade e inovação, provendo serviços e infraestrutura seguros e eficientes aos seus clientes e usuários, promovendo o desenvolvimento econômico regional e nacional com responsabilidade socioambiental. (Paraná, 2021)*

Para saber mais

CANAL RURAL. **Momento soja**: armazenagem. 22 abr. 2014. Disponível em: <https://www.youtube.com/watch?v=vsxhuiB8DBg>. Acesso em: 6 jan. 2021.

O vídeo apresenta brevemente a missão da Empresa Brasileira de Pesquisa Agropecuária (Embrapa) e o processo de armazenagem de grãos no Brasil, responsável por parte do abastecimento interno do país e das exportações de grãos.

A missão deve ir ao encontro do cumprimento dos objetivos traçados na etapa de planejamento. Quando uma empresa cumpre com seus objetivos, ela atende à missão preestabelecida. Todas as ações de logística que envolvem armazenagem começam com o planejamento e, depois, são traçados os objetivos para o cumprimento da missão, conforme apresenta o esquema da Figura 1.6, a seguir.

Figura 1.6 – Planejamento, objetivos e missão

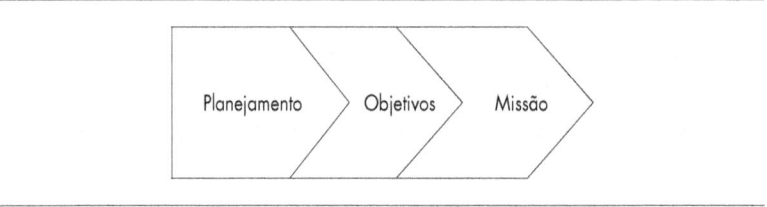

Fonte: Elaborado com base em Kotler; Keller, 2012.

Assim, a missão de um processo de armazenagem pode ser definida como os cuidados com o gerenciamento do espaço físico para a manutenção de estoques de matérias-primas e produtos acabados, de acordo com o ramo de produção envolvido.

Para explicar melhor, imaginemos um caminhão cheio de produtos chegando a uma garagem (os processos de armazenagem nas empresas começam assim). Nesse caso, a área de planejamento, controle e produção (PCP) da indústria realiza o pedido de matérias-primas para a área de compras, com as respectivas quantidades e descrições técnicas. Esta, por sua vez, efetiva a compra e, então, os fornecedores preparam o pedido e encaminham ao cliente. Quando os materiais chegam à indústria, são descarregados do caminhão e conferidos, iniciando o processo de sua armazenagem para, posteriormente, serem utilizados na produção. A Figura 1.7 mostra um fluxo de pedidos de matérias-primas para o processo de armazenagem.

Figura 1.7 – Fluxo de pedidos para a armazenagem

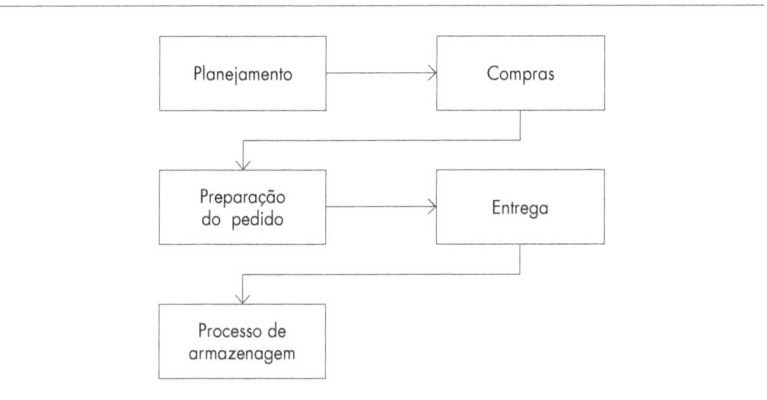

Fonte: Elaborado com base em Kotler; Keller, 2012.

O processo de armazenagem é fundamental para as empresas, uma vez que é considerado atividade primária, ou seja, é o cerne de todos os outros processos industriais. Aqui se inicia a garantia de que os produtos e os serviços chegarão nas mãos dos clientes.

> ## Exercício resolvido
>
> Nas indústrias, grande parte dos armazéns conta com estruturas para comportar diversos itens de materiais em seus estoques, cabendo ao gestor logístico desenvolver estratégias para bem organizá-los, priorizando os itens mais importantes. Para Slack, Chambers e Johnston (2002, p. 401), "em qualquer estoque que contenha mais de um item, alguns itens serão mais importantes para a organização do que outros".
>
> Com base nessa afirmação, assinale a alternativa que diferencia *estoque* e *armazém*:
>
> a. *Estoque* e *armazém* são sinônimos, ou seja, ambos pertencem ao processo logístico e não há diferenças entre suas estruturas, funções e, tampouco, aplicabilidades.
>
> b. *Estoque* e *armazém* fazem parte da logística, mas apresentam estrutura, funções e atividades diferentes.
>
> c. *Estoque* e *armazém* não fazem parte da logística, mas da administração da produção e apresentam estrutura, funções e atividades similares.
>
> d. O *estoque* é uma atividade administrativa, haja vista a necessidade de conferência e o auxílio da tecnologia da informação para que os materiais sejam guardados. O *armazém* é uma atividade da engenharia em razão da necessidade de estruturas móveis. Ambos são, portanto, diferentes.
>
> Resposta correta: b. Estoque e armazém são diferentes uma vez que o estoque refere-se à atividade de guardar a matéria-prima ou o produto acabado e o armazém corresponde à estrutura física utilizada para armazenar o material do estoque.

Em um ambiente de crescente competitividade, a gestão de estoques e de armazéns é muito importante para a saúde das empresas. Afinal, quando se está realizando uma compra em uma rede de atacado ou de varejo é imprescindível que o produto esteja à mão. As indústrias e os comércios compartilham a mesma preocupação.

Para auxiliar o processo de armazenagem e estoques, atualmente a logística conta com equipamentos de movimentação cada vez mais modernos e tecnologicamente desenvolvidos: empilhadeiras, paleteiras, transpaleteiras, guindastes, ponte rolante, talhas, elevadores, esteiras e carrinhos industriais, além de processos de unitização de embalagens, paletes, contêineres e estruturas para armazenagem, a exemplo de estantes, porta-paletes e transelevadores.

1.3 Gerenciamento estratégico de armazéns

Para tornar o estoque eficaz, é necessário que o gestor responsável tenha acesso a todas as informações da empresa, desde o processo de compras, passando pelo acompanhamento da produção e gestão da armazenagem, até a distribuição física dos produtos acabados. Basicamente, um ambiente empresarial é composto de entradas, processamento e saídas. A Figura 1.8 ilustra esse sistema.

Figura 1.8 – Ambiente empresarial

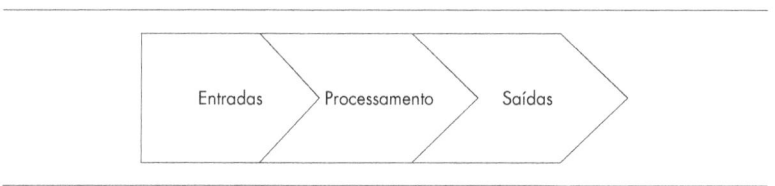

Fonte: Elaborado com base em Dias, 2006.

Todas as pessoas físicas podem comprar e necessitam, a cada dia, de diversos produtos para estudar, trabalhar ou garantir o bem-estar social. Afinal, diariamente realizamos compras, não é mesmo?

Quando os clientes vão às compras, esperam encontrar os bens de consumo disponíveis na prateleira. Para que isso aconteça, há todo um planejamento estratégico envolvido, que começa na indústria e diz respeito, sobretudo, aos estoques e à armazenagem. Caso falte matéria-prima, ou seja, se os níveis de estoque estiverem baixos, a produção pode ser interrompida (Martins; Alt, 2000). Os níveis de estoque de uma empresa influenciam toda a organização, pois é com base nesses números que a produção ocorre.

Portanto, o controle de toda a movimentação de materiais, da matéria-prima ao produto final, cabe à logística (Ching, 1999). Níveis altos de estoque, por sua vez, podem significar poucos problemas na produção, porém, o gasto com a manutenção dos armazéns é alto, e esse custo é resultado de espaço ocupado e despesas com funcionários, além do valor monetário dispendido para a compra de materiais que tendem a permanecer por mais tempo parados no armazém, mas poderiam ter sido revertidos para outras áreas da empresa carentes de investimentos.

Para otimizar os níveis de serviços prestados aos clientes, os armazéns podem contar com diversos veículos de movimentação de materiais, estrutura física de estoque e embalagens. Vejamos, no Quadro 1.1, a descrição dos principais equipamentos de movimentação de materiais utilizados nos armazéns.

Quadro 1.1 – Equipamentos de movimentação

Equipamento	Descrição
Empilhadeiras	Veículos motores utilizados nas indústrias para movimentar grandes quantidades de materiais.
Paleteiras	Equipamentos que movimentam materiais dispostos em paletes.
Transpaleteiras	Equipamentos que movimentam materiais dispostos em paletes.
Guindastes	Equipamento fixo utilizado para a movimentação de cargas pesadas e de grande dimensão.
Ponte rolante	Equipamento com trilhos, utilizado para movimentar cargas pesadas.
Talhas	Utilizadas para a elevação, sustentação e movimentação de objetos pesados.
Elevadores	Realizam o transporte vertical para elevar cargas pesadas.

(continua)

(Quadro 1.1 – conclusão)

Equipamento	Descrição
Esteiras	Dispositivos de movimentação de materiais tracionados eletronicamente que deslizam por estruturas metálicas.
Carrinhos industriais	Existem vários modelos no mercado, de acordo com as necessidades da indústria: carrinho de mão simples, carrinho para tambor, carrinho tartaruga, entre outros.

Fonte: Elaborado com base em Silva, 2012.

No Quadro 1.2, podemos observar as principais estruturas físicas para a armazenagem nas indústrias.

Quadro 1.2 – Estruturas de armazenagem

Estrutura	Descrição
Estantes	Sistema estático que pode ser acompanhado de divisores, retentores, gavetas ou painéis. São utilizadas para comportar materiais relativamente leves.
Porta-paletes convencional	Estrutura metálica que possibilita fácil acesso aos materiais, porém necessita de maior espaço para sua construção.
Porta-paletes para corredores	Estrutura metálica estreita, porém com maior altura, que possibilita a redução de espaços nos armazéns e a melhor locomoção entre os corredores.

Fonte: Elaborado com base em Silva, 2012.

Vejamos, agora, as embalagens que tanto auxiliam o processo de armazenagem nas indústrias, contribuindo para a entrega de produtos com qualidade ao cliente.

Estima-se que as embalagens sempre acompanharam a evolução do homem, sendo necessárias até mesmo para sua sobrevivência. Desde os tempos das cavernas, já se utilizava algum tipo de material de embalagem para manter os alimentos por mais tempo conservados, como folhas de bananeiras, cascos de coco, conchas e pedras.

Atualmente, as embalagens são objetos de estudo em diferentes áreas de uma empresa, pois contribuem com o desenvolvimento de diversas estratégias traçadas na etapa de planejamento e, além disso, auxiliam o comércio e as indústrias na promoção de seus produtos e serviços.

A embalagem é parte de um sistema complexo, envolvendo marketing, design, engenharia de produção, logística e meio ambiente. O seu objetivo é minimizar o custo aplicado aos materiais utilizados, ao mesmo tempo em que reduz a possibilidade de danos às mercadorias as quais protegem. Além disso, a embalagem agrega valor, oferecendo informações sobre o produto. (Rodrigues, 2009, p. 54)

As decisões que levam um gestor à escolha das embalagens envolvem fatores como: proteção, comunicação, padronização, reciclagem e, sobretudo, eficiência logística. As embalagens são fundamentais para as seguintes áreas:

- Logística – auxilia o processo de armazenagem, protege os materiais de avarias (danos ou estragos) e facilita sua movimentação.
- *Marketing* – refere-se ao *design* dos produtos e às informações importantes ao consumidor. Nesse âmbito, as embalagens são criadas para seduzir o cliente, com suas formas e cores, e alavancar as vendas.
- Meio ambiente – diz respeito à sustentabilidade. As embalagens devem ser biodegradáveis, de forma que não agridam a natureza, em cumprimento ao Plano Nacional de Resíduos Sólidos – Lei n. 12.305, de 2 de agosto de 2010 (Brasil, 2010).

Para saber mais

BRASIL. Lei n. 12.305, de 2 de agosto de 2010. **Diário Oficial da União**, Poder Legislativo, Brasília, DF, 3 ago. 2010. Disponível em: <http://www.planalto.gov.br/ccivil_03/_ato2007-2010/2010/lei/l12305.htm>. Acesso em: 6 jan. 2021.
O Plano Nacional de Resíduos Sólidos institui a obrigatoriedade de as indústrias terem um plano de logística reversa para o retorno de materiais, entre eles as embalagens, de forma que seja feito o tratamento adequado e sem agredir o meio ambiente.

A utilidade de uma embalagem está ligada diretamente a seu uso industrial, no que tange à produtividade e à eficiência logística para que os produtos cheguem no tempo certo e nas condições adequadas ao cliente.

Sobre esse assunto, façamos alguns questionamentos: Você compraria produtos com algum tipo de avaria na embalagem? Você pagaria por um produto que estivesse amassado, rasgado ou enferrujado? É óbvio que não!.

A decisão pela integridade das embalagens é intrínseca às pessoas, pertence a seu conhecimento e a suas exigências como consumidores, pois embalar um produto significa protegê-lo, dar forma a sua apresentação.

O Quadro 1.3 apresenta a classificação das embalagens.

Quadro 1.3 – Classificação das embalagens

Classificação	Objetivo	Exemplo
Primária	Apresenta e identifica o produto que está em contato direto com a embalagem.	Lata de refrigerante
Secundária	Protege a embalagem primária e auxilia na apresentação ao consumidor.	Embalagem plástica que envolve várias latas de refrigerante
Terciária	Protege e conserva os produtos durante o transporte e a movimentação manual ou mecânica no processo de armazenagem.	Caixas de papelão
Quaternária	Auxilia a movimentação e a armazenagem dos produtos.	Paletes e filmes plásticos

Fonte: Elaborado com base em Silva, 2012.

A eficiência no manuseio de materiais é fortemente influenciada pela natureza do produto e pela escolha das embalagens. Os modelos disponibilizados são diversos, adequando-se conforme às necessidades de produção e de segurança para o transporte. Os tipos de embalagens mais comuns são:

- *blister,* utilizada para envolver remédios.
- *strep wapp,* utilizada para sistemas a vácuo.
- embalagens com acolchoamento.
- *sleeve,* utilizada para embalar iogurtes.

Figura 1.9 – Tipos de embalagens

Provavelmente, você está se perguntando sobre os contêineres, não é mesmo? Esse tipo de embalagem é muito comum em regiões litorâneas e portuárias. Esses receptáculos de fato são muito utilizados pela logística tendo em vista a grande eficácia nas operações de armazenagem.

Os contêineres são categorizados como embalagens de quinto nível. Construídos com aço, alumínio ou fibras, eles são largamente aproveitados pelas indústrias como embalagem ou como suporte para outras embalagens, de forma a facilitar a conservação e o transporte de mercadorias por um longo período de tempo ou que precisem ser constantemente manuseadas.

Na Figura 1.10 é possível observar a aplicabilidade dos contêineres na logística.

Figura 1.10 – Contêineres

No mercado, há diversos tipos de contêineres, cabendo à indústria escolher o que melhor se adéque a suas necessidades, facilitando o carregamento e o descarregamento de materiais de forma segura.

Os principais modelos de contêineres são:

- **Convencional** – Fechado com porta na parte traseira.
- **De teto aberto** – Tem uma cobertura móvel na parte superior.
- **Ventilado** – Apresenta espaço para ventilação que impede a condensação do ar em seu interior.
- **Térmico** – Pode ser refrigerado ou aquecido, conforme a necessidade. Esse modelo é bastante utilizado para a conservação de produtos perecíveis, como alimentos.
- **Tanque** – Utilizado para cargas líquidas e a granel.
- **Plataforma** – Tem base fixa com paredes laterais e frontal móveis, similares aos da Figura 1.10.

O processo de **unitização** também auxilia a armazenagem. Unitizar embalagens significa agrupar pequenos ou grandes objetos em um único volume para melhor manuseá-lo, movimentá-lo, armazená-lo e transportá-lo. A unitização apresenta muitas vantagens para o processo de armazenagem: reduz os tempos de carga e de descarga, diminuindo congestionamentos que dificultam a produção, além de facilitar processos como o de conferência de materiais.

As embalagens têm um papel fundamental na estrutura dos armazéns, auxiliando, de forma lógica e racional, o processo de armazenamento. Porém, parte das empresas, em especial no Brasil, acredita que as embalagens sejam um custo e não um investimento nos processos industriais, pois elas são caras, apesar de agregar valor. Todavia, cresce o número de fornecedores que investem em negociações em torno de melhores embalagens, pois certamente elas contribuem com a logística, a venda e a entrega dos produtos ao cliente.

Exercícios resolvidos

1. "A embalagem deve ser especificamente adequada à proteção do seu conteúdo, suficientemente resistente para suportar todo o processo de transferência e armazenagem, sendo primordial à entrega da mercadoria" (Rodrigues, 2009, p. 54). Com base nessa afirmação, assinale a alternativa que se refere a possíveis funções da embalagem:

   a. Proteção, garantia de segurança e qualidade do produto.
   b. Comunicação voltada à conversão de vendas.
   c. Padronização, a fim de que determinados produtos de uma mesma linha sejam iguais.
   d. *Marketing*, pois uma embalagem atrativa é capaz de vender um produto.
   e. Todas as alternativas anteriores.

   Resposta correta: e. As funções das embalagens correspondem: à proteção do produto, contribuindo com sua preservação, movimentação, armazenagem e transporte; à comunicação com os clientes, uma vez que ela pode trazer informações técnicas, nutricionais e de manuseio, além de que o *design* e o uso de cores pode tornar o produto ainda mais atrativo, aumentando seu potencial de venda; à padronização de produtos de uma mesma linha; à reciclagem, sendo preferencialmente biodegradáveis, em atendimento ao Plano Nacional de Resíduos Sólidos; e, sobretudo, à eficiência logística, pois deve-se considerar que, no estoque, no manuseio e no transporte de produtos, sempre podem ocorrer algum tipo de dano ou avaria, e, quanto mais a embalagem for segura e eficaz, maior será o desempenho logístico, contribuindo para a entrega do produto no tempo certo, dentro de padrões de qualidade esperados pelo cliente.

2. "A impropriedade da embalagem é entendida como aquela mal desenhada ou mal planejada, mal construída ou produzida com material inadequado" (Rodrigues, 2009, p. 55). Com base nessa afirmação, assinale a alternativa que se refere à classificação das embalagens:

a. A embalagem secundária está em contato com o produto, sendo responsável pela estética de sua apresentação no mercado.
b. A embalagem primária está em contato com o produto, sendo responsável por sua apresentação e identificação nas prateleiras, contudo não salvaguarda sua integridade.
c. A embalagem terciária é o terceiro e último contato de todos os materiais com as embalagens, sendo a garantia final da qualidade e da quantidade do produto.
d. A embalagem primária está em contato com o produto, sendo responsável por sua apresentação e identificação nas prateleiras, contribuindo para salvaguardar sua integridade.

Resposta correta: d. A embalagem primária está em contato com o produto, como é o caso da maioria dos produtos alimentícios industrializados adquiridos em mercados. Ela é responsável pela apresentação e pela identificação do produto, ou seja, pelo *marketing*, podendo se servir de elementos do *design* para atrair vendas. Além disso, contribui para salvaguardar a integridade, do ponto de vista da conservação das propriedades do alimento, mas, cabe ressaltar, a embalagem não garante totalmente a conservação e a integridade de tais produtos. Ainda, as embalagens agilizam o manuseio para o processo de armazenagem.

A Figura 1.11 exemplifica alguns formatos de embalagem de papelão bastante utilizados no comércio como embalagem secundária de diversos tipos de produtos.

Figura 1.11 – Embalagens de papelão

Inegavelmente, o processo de armazenagem é bastante dinâmico. Como vimos até agora, a eficiência na armazenagem depende de diversos elementos, como equipamentos de movimentação, estruturas físicas de armazenagem e embalagem e, acima de tudo, pessoas capacitadas para gerenciar.

Para saber mais

SOUSA, L. C. F. S. et al. Tecnologia de embalagens e conservação de alimentos quanto aos aspectos físico, químico e microbiológico. **Agropecuária Científica no Semiárido**, Campina Grande, v. 8, n. 1, p. 19-27, jan./mar. 2012. Disponível em: <http://revistas.ufcg.edu.br/acsa/index.php/ACSA/article/download/249/pdf>. Acesso em: 6 jan. 2021.
Esse artigo ressalta a importância das embalagens nos processos alimentícios para que a armazenagem ocorra com a máxima eficiência. O texto também apresenta a evolução das embalagens e as classificações mais usadas no mercado atual.

A seguir, vamos nos aprofundar sobre o tema que envolve a capacitação necessária para gerenciar um armazém.

1.4 Capacitação para gerenciamento de armazém

Iniciemos por alguns questionamentos: Por que muitas empresas não conseguem atingir os objetivos organizacionais pretendidos? E por que muitas delas exigem capacitação técnica como mecanismo de recrutamento e investem em qualificação e treinamentos internos para seu time de colaboradores, mas outras empresas não o fazem?

A resposta está na maneira como as organizações compreendem a interação entre os colaboradores e os processos internos – nesse caso, o processo logístico de armazenagem. As pessoas que compõem a organização são ativos intelectuais provedores de respostas às situações-problema vivenciadas diariamente, exercendo atividades pontuais e às vezes diferenciadas dentro das funções organizacionais.

Para saber mais

LUCCAS, M. G; SILVA, J. de F. P. F. da; MARQUES, K. M. R. Armazenamento de materiais. **Revista Semana Acadêmica**, n. 1, v. 111, 12 set. 2017. Disponível em: <https://semanaacademica.org.br/system/files/artigos/artigo_administracao_de_materiais.pdf>. Acesso em: 6 jan. 2021.
Nesse material, além de uma abordagem dos conceitos básicos de armazenagem, por meio da revisão de literatura, é apresentada uma perspectiva mais ampla da aplicabilidade dessa área tão importante da logística, bem como das pessoas que interagem com esses processos.

A Figura 1.12 demonstra pessoas alocadas nos diversos processos que compõem a armazenagem dentro da logística.

Figura 1.12 – Atribuições da armazenagem

elenabsl/Shutterstock

As atividades que se referem à função de gerenciamento de armazéns evoluíram nos últimos anos, assim como o próprio processo de armazenagem. Esse desenvolvimento exigiu especialização técnica dos colaboradores, requerendo ainda mais rigor dos processos de recrutamento e seleção pelos departamentos de recurso humanos (RH) das empresas, os quais, muitas vezes, atribuem essa tarefa a um consultor.

> *O consultor externo de RH é uma figura que está presente no mercado brasileiro há muitos anos. Em geral, localiza-se em consultorias de seleção que se denominam "consultoria em RH", mas que estão limitadas a recrutar e selecionar profissionais de níveis gerencial e executivo para as empresas que as contratam. (Marras, 2011, p. 21)*

As tarefas que até então estavam limitadas às rotinas de conferência e de estoque hoje fazem parte de um amplo sistema logístico que começa no processo de compras e só finaliza com a entrega dos produtos acabados aos clientes. Com isso, a fim de garantir que a armazenagem ocorra com a máxima eficiência, as pessoas que interagem com os processos logísticos precisam ser constantemente capacitadas quanto às mudanças de tecnologia, transportes, embalagens e todos os elementos pertencentes a um armazém, assegurando um *lead time* perfeito e um atendimento de qualidade aos clientes.

Preste atenção!

Um bom profissional deve estar atento a todas as mudanças e aos novos conhecimentos inerentes a sua área de trabalho. Vários termos técnicos são aplicados na logística, entre eles o **lead time**, que significa "tempo de ressuprimento" ou "de renovação dos estoques".

A administração de armazéns representa todos os esforços empresariais para adquirir a melhor matéria-prima, processá-la e devolvê-la ao mercado na forma de produtos e serviços de qualidade.

> *A sobrevivência e o progresso de uma empresa dependem, em grande parte, de sua capacidade de atrair, selecionar, treinar e posicionar corretamente, no presente, as pessoas com potencial para atuar, no futuro, na alta administração da empresa, assumindo responsabilidade e agindo como uma equipe integrada. (Lacombe, 2011, p. 20)*

Na administração de armazéns, existem alguns processos fundamentais, como a **provisão**, que consiste em abastecer a empresa com matéria-prima dentro das especificações técnicas necessárias para a produção. Essa atividade refere-se ao planejamento de compras para atingir os objetivos organizacionais em determinado período. Trata-se também de antecipar decisões sobre quais forças de trabalho e quais talentos humanos serão necessários para efetivar a produção. Gerir pessoas demanda o emprego de processos dinâmicos e interativos (Chiavenato, 2010).

Como sabemos, a gestão de armazéns caracteriza-se como um processo bastante dinâmico e complexo, desse modo, os recursos humanos das organizações devem desenvolver políticas internas de recrutamento e seleção para direcionar profissionais tecnicamente capacitados ao desenvolvimento dos trabalhos. A Figura 1.13 ilustra atividades operacionais de um armazém.

Figura 1.13 – Profissionais de armazenagem

Perguntas & respostas

Para o crescimento de uma empresa, é necessária a definição de estratégias, sendo essencial o engajamento de todos os colaboradores nos processos empresariais. Nesse sentido, assinale a(s) alternativa(s) que melhor identifica a aptidão de seu perfil profissional (pontos fortes):

( ) Planejamento
( ) Organização
( ) Conferência
( ) Controle

Se você assinalou todas as aptidões, parabéns! Seu perfil adéqua-se ao de um profissional da área de logística com foco nas atividades de armazenagem. Agora, basta você complementar sua formação técnica de acordo com as necessidades da função. As principais áreas de conhecimento que um profissional da armazenagem deve explorar para complementar seu currículo são as seguintes:

- Formação técnica ou superior em logística.
- Formação técnica ou superior na área de informática.
- Formação superior, técnica ou de qualificação na área de saúde e de segurança do trabalho.

Os processos logísticos necessitam de colaboradores capacitados, sobretudo para as funções de gerenciamento de armazenagem. Esses profissionais podem ser os responsáveis pelo sucesso ou pelo prejuízo das organizações.

Exemplificando

A empresa Y está comercializando um produto X por R$ 25,00, cujo valor real de venda é R$ 65,00. Trata-se de uma promoção? Não. Provavelmente o produto estava encalhado no estoque, próximo ao vencimento e teve de ser ofertado a um preço bastante inferior no mercado a fim de diminuir o prejuízo da instituição.

Esse exemplo evidencia a importância da capacitação dos profissionais de armazenagem. Um processo de armazenagem ineficiente pode impedir o fluxo de matérias-primas para a produção e, até mesmo, que os produtos cheguem no tempo certo nas mãos dos clientes.

Como é sabido, a logística sempre esteve presente na história da humanidade, assim como a armazenagem. Esses processos vêm evoluindo nos últimos anos, em razão das necessidades de produção mais aceleradas, sem deixar de cumprir com padrões de qualidade para a entrega ao cliente. Essas exigências fazem parte do mercado globalizado e da disseminação de informações, que permitiram que o cliente conhecesse mais de perto o produto e, com isso, exigisse padrões de qualidade e de entrega mais refinados pelos fornecedores de produtos e serviços.

Para tanto, a armazenagem conta com equipamentos mecânicos de movimentação, como as empilhadeiras, os carrinhos elétricos e as paleteiras. As embalagens, além do poder de venda pelo *design*, são de fundamental importância para a segurança e a qualidade dos produtos, bem como para seu manuseio e transporte.

Portanto, para que o planejamento de produção seja cumprido de acordo com os objetivos e a missão da empresa, são necessários profissionais capacitados tecnicamente e que, acima de tudo, sejam afeitos aos armazéns, um importante setor da logística.

Síntese

- A logística e a armazenagem estão presentes há muito tempo na história da humanidade.
- A globalização exigiu que os processos industriais fossem revistos, o que gerou o desenvolvimento de estudos na área de armazenagem.
- O uso de equipamentos de movimentação no processo de armazenagem, como empilhadeiras, paleteiras e carrinhos elétricos, é fundamental.
- Nos processos de armazenagem, é imprescindível a utilização de embalagens de acordo com suas classificações, seus modelos e seus processos, como a unitização.
- Os contêineres são importantes para os processos de armazenagem.
- As pessoas que trabalham na área da armazenagem devem ser tecnicamente capacitadas nas atividades envolvidas, bem como nas funções de gerenciamento.

Expertise em gestão de armazém

Conteúdos do capítulo:

- Habilidades específicas (*expertise*) do gestor de armazém.
- Escolha adequada da localização do armazém.
- Tipos de armazenagem: direta, escalonada ou mista.

Após o estudo deste capítulo, você será capaz de:

1. reconhecer as habilidades necessárias a um gestor de logística de armazenagem;
2. identificar as premissas essenciais para escolha da localização do armazém;
3. apontar as diferentes demandas de armazenagem de acordo com o tipo de produto;
4. classificar os tipos de armazenagem conforme as necessidades de entrega dos materiais: escalonada, direta ou mista.

No Capítulo 1, começamos a analisar as características de um profissional de logística que desempenha funções de armazenagem, atividade de extrema importância para o desenvolvimento das operações industriais, até a entrega de produtos e serviços ao cliente. Para que um produto chegue até o cliente, são necessários processos de armazenagem síncronos, e organização é a palavra-chave para a administração eficaz de recursos.

capítulo 2

No âmbito econômico, recurso corresponde a tudo que pode gerar riqueza (Martins; Alt, 2009). Lembrando que a tecnologia é um fator de produção que, somado aos recursos materiais (matéria-prima), resulta no produto acabado.

Ao longo da história das sociedades, a armazenagem sempre esteve presente nas atividades de trocas ou de escambo, de compra, venda e produção. Atualmente, a modernização e a aceleração do crescimento econômico provocaram mudanças no estilo de vida e nos hábitos de consumo da população, o que demandou ainda mais agilidade dos meios de produção para o atendimento das necessidades dos clientes, com relação às variedades, às quantidades e à diversidade de produtos e serviços.

Logo, um sistema de armazenagem gera custos, os quais, na maioria das vezes, estão diretamente ligados à eficiência logística, cabendo aos gestores a *expertise* no controle da administração financeira da organização, de forma que o armazém não sofra pela falta de recursos.

A administração financeira é um conjunto de métodos e técnicas utilizados para gerenciar os recursos financeiros da entidade, objetivando a maximização do retorno do capital investido pelos acionistas. Ou seja, cabe ao gestor das finanças da empresa a tarefa de utilizar seu conhecimento técnico e as ferramentas gerenciais disponíveis com a finalidade de aumentar a riqueza dos investidores. (Wernke, 2010, p. 4)

O estudo de um profissional em logística especializado em armazenagem é amplo e requer capacitação técnica, experiência e, sobretudo, *expertise*.

2.1 *Expertise* do gestor de armazém

Uma das funções do gestor logístico pós-moderno é procurar medidas que otimizem o desempenho industrial. No Brasil, os desafios da indústria nacional são ainda maiores por causa das oscilações políticas e econômicas. Chiavenato (1999, p. 40) define o papel do gestor nos seguintes termos:

> As pessoas responsáveis por conduzir [...] tarefas são chamadas de administradores ou gestores, que vem do ato de coordenar os recursos organizacionais no sentido de obter eficiência e eficácia, bem como o alto grau de satisfação entres as pessoas que fazem o trabalho e o cliente que o recebe. (Chiavenato, 1999, p. 40)

As atividades de armazenagem fazem parte de decisões logísticas estratégicas das empresas e dependem da *expertise* do gestor de armazém para bem conduzir os processos. Cabe à administração de recursos humanos dispor de esforços para atrair profissionais do mercado de trabalho, de forma a capacitar e incorporar esse profissional ao esforço produtivo de um armazém, utilizando adequadamente seus conhecimentos.

Para saber mais

CONHEÇA a profissão de técnico em logística. **SP TV**, São Paulo, 2 jul. 2008. Disponível em: <https://globoplay.globo.com/v/849918/>. Acesso em: 7 jan. 2021.

A reportagem apresenta as oportunidades do mercado de trabalho para os profissionais da área de logística, bem como as responsabilidades nas atividades de armazenagem.

Para que um modelo de armazenagem funcione, são necessárias pessoas qualificadas e que compreendam a importância de seu trabalho para o funcionamento de toda a empresa, pois processos eficientes reduzem custos e proporcionam agilidade aos métodos de logística interna. O sucesso ou fracasso das operações logísticas de armazenagem iniciam na etapa de planejamento, que deve ser parte integrante dos objetivos de toda a organização.

No planejamento, a empresa determina a melhor maneira de aplicar os recursos disponíveis, de acordo com as necessidades do mercado, colocando em prática as mudanças necessárias para alcançar maior produtividade e melhor qualidade de produtos ou serviços prestados aos clientes.

Exercício resolvido

De acordo Moura (2004, p. 31), "uma eficiente gestão de estoques tem o objetivo de garantir o bom atendimento ao cliente final sem que haja desperdícios, nem estoques excedentes ao longo da cadeia produtiva, buscando reduções de custos organizacionais". Assinale a alternativa que corresponde à principal *expertise* do gestor de logística de armazenagem:

a. Fundamentação de custos logísticos.
b. Projeto de embalagens.
c. Projeto de transportes intermodais.
d. Planejamento.

Resposta correta: d. Por mais que o dimensionamento de custos logísticos e os projetos de embalagens e de transportes intermodais sejam importantes para a armazenagem e façam parte das atividades do profissional de logística, o planejamento é a atividade que regula o sucesso das organizações e faz parte da *expertise* do gestor de armazenagem.

O planejamento estratégico deve integrar as ações do gestor de armazém, contribuindo para o alcance dos objetivos da empresa na qual o profissional atua. Para essa ação, o gestor logístico pode convocar colaboradores a fim de que participem desse processo de tomada de decisão.

Estudo de caso: A FLORESTA ENCANTADA

Era uma vez uma floresta cheia de animais que viviam livres, felizes e saltitantes. Havia tanta felicidade naquele ambiente que se acredita inclusive que havia uma magia nesse local. Certo dia, os habitantes da floresta encantada souberam que estava se aproximando uma grande nevasca, com isso, eles precisavam desenvolver estratégias de armazenagem para estocar uma grande quantidade de alimentos. Organizaram-se em grupos e começaram a trabalhar. Um grupo cuidava de construir estantes firmes dentro de uma caverna e outro grupo saiu para recolher os alimentos e os organizaram nas prateleiras.

Moral da história: a nevasca chegou, os animais tinham uma quantidade suficiente de suprimentos para superar as baixas temperaturas e, depois desse período, todos viveram felizes para sempre!

As palavras-chaves e as atividades mencionadas no conto que se referem à *expertise* do profissional de armazenagem que desempenha funções de estoque e armazenagem, são:

- Palavras-chave: estratégias de armazenagem; estocar; grupo; prateleiras.
- *Expertise*: quando os animais souberam que estava se aproximando uma grande nevasca, anteciparam futuros problemas por meio de um planejamento, atividade essencial a ser desenvolvida pelo gestor de armazém. Outra atividade que pode ser identificada no conto é a organização em grupos. A consonância de um grupo de trabalho é muito importante para o sucesso de qualquer empresa. Por isso, a organização da divisão de tarefas caracteriza-se como *expertise* do gestor.

- Atividade de armazenagem: os animais começaram a construir o armazém com estantes firmes.
- Atividade de estoque: um grupo saiu para recolher os alimentos e os organizaram nas prateleiras.

É possível notar que a palavra *planejamento* está intrínseca ao texto. Essa ação foi fundamental para construir a estrutura de armazenagem e garantir sucesso no processo de estoque.

O gestor de armazém não pode descartar as necessidades de consumo e a qualidade do produto ou serviço que um cliente deseja receber. Afinal, quem compra produtos fora do prazo de validade ou com embalagens avariadas? Para que um produto chegue adequadamente ao consumidor, é preciso que as atividades de armazenagem sejam planejadas.

Basicamente, o princípio do estoque é guardar algum tipo de material para determinada finalidade; para tanto, um elemento muito importante nesse processo é a embalagem. Segundo informa Rodrigues (2009, p. 56), "cerca de 70% das avarias decorrem de embalagens inadequadas, facilitando a exposição aos agentes naturais, impactos no processo de movimentação ou furtos" (Rodrigues, 2009, p. 56). Sem um planejamento, aumentam as chances de o produto chegar danificado às mãos dos clientes.

As principais etapas a serem seguidas pelo gestor na execução de um planejamento de armazenagem são: (1) elaboração, (2) implementação e (3) controle (Figura 2.1).

Figura 2.1 – Planejamento de armazenagem

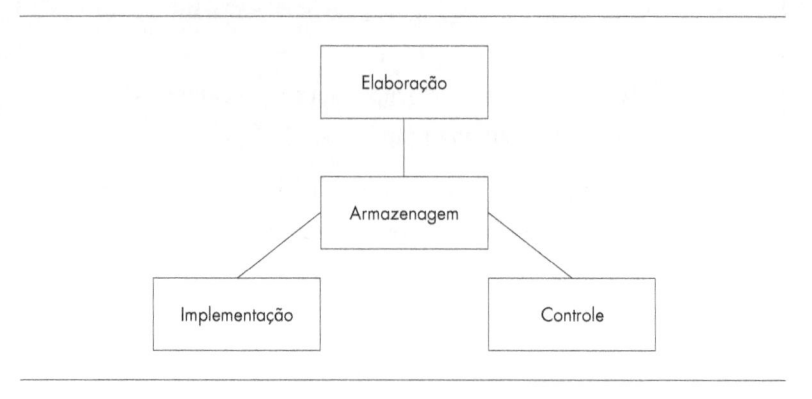

```
            ┌─────────────┐
            │ Elaboração  │
            └──────┬──────┘
                   │
            ┌─────────────┐
            │ Armazenagem │
            └──────┬──────┘
           ╱              ╲
┌───────────────┐    ┌──────────┐
│ Implementação │    │ Controle │
└───────────────┘    └──────────┘
```

A elaboração de um plano de implantação de armazém é a primeira parte do planejamento e está dividida em diagnóstico do ambiente, elaboração de diretrizes e estratégias organizacionais. O planejamento estratégico faz parte de um conjunto de ações gerenciais voltadas ao desenvolvimento de oportunidades de mercados que estejam em conformidade com os objetivos, as experiências e os recursos de uma empresa. O objetivo desse planejamento é, por meio do mapeamento e amoldamento dos negócios e produtos de uma empresa, converter vendas e gerar lucros (Cobra, 2009).

O diagnóstico do ambiente físico deve ser realizado por profissional capacitado para elaborar diretrizes organizacionais e estratégias necessárias para a melhor alocação e otimização dos armazéns. Por meio do diagnóstico, o profissional levanta informações relevantes para definir o *layout* do armazém (Figura 2.2). A eficiência operacional de um armazém está diretamente ligada a sua capacidade de estoque e facilidade nas movimentações e no transporte interno de cargas.

Figura 2.2 – *Layout* de planta industrial

Para Rodrigues (2009, p. 88), "denomina-se *layout* operacional o arranjo físico de uma área de armazenagem, levando em conta a separação das pilhas, a acessibilidade dos volumes e os fluxos de tráfego de equipamentos". Um *layout* adequado e planejado traz vantagens à empresa, como tornar lógico o processo de armazenagem, evitar avarias e perda de tempo e dinamizar a mão de obra e o deslocamento dos materiais.

Os equipamentos de movimentação nos armazéns fazem parte das decisões estratégicas do gestor, pois, na maioria das vezes, são recursos caros, mas que auxiliam os processos de movimentação e de carga e descarga dos materiais. Poupa-se, assim, o desgaste físico dos operadores, podendo contribuir para a diminuição dos índices de acidentes de trabalho. Os principais equipamentos de movimentação utilizados pelos armazéns são: empilhadeiras, paleteiras, transpaleteiras, ponte rolante, talhas, elevadores, esteiras e carrinhos industriais. Alguns modelos desses equipamentos podem ser observados na Figura 2.3.

Figura 2.3 – Equipamentos de movimentação

Johnnypop/Shutterstock

A definição de diretrizes é necessária para que a empresa possa estabelecer a metodologia gerencial, ou seja, o caminho a ser seguido e que servirá de referência e guia para as ações organizacionais. Para Galliano (1979, p. 6, grifo do original), "**método** é um conjunto de etapas, ordenadamente dispostas, a serem vencidas na investigação da verdade, no estudo de uma ciência ou para alcançar determinado fim". A estratégica visa expandir e fortalecer as relações do gestor de armazém com seus fornecedores, direcionando o tempo e a quantidade de entregas de matérias-primas, para o atendimento pontual de seus clientes. Muitos supermercados, por exemplo, agendam a entrega de produtos com seus fornecedores por meio de um sistema que garante melhor fluxo e organização dos armazéns.

A Figura 2.4 ilustra os processos dinâmicos que envolvem a logística em supermercado.

Figura 2.4 – Logística em supermercado

O controle, por sua vez, monitora e avalia as ações implementadas no planejamento, permitindo que sejam realizadas melhorias nos processos e assegurando um funcionamento adequado e seguro do armazém, principalmente no tocante a acidentes de trabalho. No Brasil, segundo Ramos (2010), a cada minuto um trabalhador sofre um acidente enquanto desempenha sua função.

O Quadro 2.1 apresenta o comparativo do número de acidentes de trabalho em alguns estados do Brasil no ano de 2018, obtido pelo Tribunal Regional do Trabalho (TRT) da 4° Região, no Rio Grande do Sul (RS).

Quadro 2.1 – Número de acidentes de trabalho

Quantidade de acidentes de trabalho por estados	
Estado	**2018**
São Paulo	197.330
Minas Gerais	59.553
Rio Grande do Sul	48.559
Paraná	45.119
Santa Catarina	38.803
Rio de Janeiro	37.526

(continua)

(Quadro 2.1 – conclusão)

Quantidade de acidentes de trabalho por estados	
Estado	**2018**
Bahia	16.937
Goiás	16.076
Pernambuco	14.789
Mato Grosso	12.349
Espírito Santo	12.099
Ceará	11.401

Fonte: Elaborado com base em Ramos, 2020.

Uma das preocupações do gerenciamento de armazéns é garantir a saúde e a segurança do trabalho, pois os acidentes gerados nesses locais podem trazer sequelas graves aos que interagem no ambiente. É recomendável implementar indicadores de organização e desempenho, bem como criar sistemas e métodos capazes de suportar a demanda de produção, por muitas vezes acelerada.

Para saber mais

LOBATO, T. D. **Prevenção de acidentes de trabalho nas operações de armazenagem**: o gerenciamento de riscos voltado ao fator humano da organização. 20 f. Trabalho de conclusão de curso (Pós-Graduação Lato sensu em Gestão Aplicada em Logística) – Centro Universitário de Brasília, 2016. Disponível em: <https://repositorio.uniceub.br/jspui/bitstream/235/7875/1/51400213.pdf>. Acesso em: 7 jan. 2021.

Esse material apresenta, por meio de exemplos práticos, possíveis acidentes de trabalho em depósitos, estoques e armazéns, bem como os custos de processos onerosos.

A Figura 2.5 mostra um sistema de produção. Em uma operação em linha, por exemplo, a falta de um único componente pode impedir as operações de produção, atrasando todo o cronograma de entrega.

Figura 2.5 – Linha de produção

WAYHOME studio/Shutterstock

Rodrigues (2009, p. 88) defende que "Para gerenciar tecnicamente uma área de armazenagem é imprescindível ter, de forma indelével na mente, todos os detalhes que a caracterizam, de modo a possibilitar uma rápida tomada de decisões".

Desse modo, uma das principais *expertises* do profissional de armazenagem é implantar modelos adequados no armazém e no estoque, em consonância com as atividades da empresa, para que haja vantagens logísticas nas políticas de armazenagem adotas. Mas tudo isso só é possível se houver planejamento.

2.2 Escolha da localização do armazém

Veremos agora como ocorre a escolha da localização de um armazém. Nas atividades industriais, a definição da localização do estoque e da estrutura física de armazenagem é fundamental para o sucesso de um negócio.

As atividades de armazenagem requerem objetividade do gestor, o qual deve contar, cada vez mais, com investimentos em recursos de tecnologia da informação (TI) a fim de realizar pesquisas com clientes e fornecedores para prever a demanda e, com isso, obter maior produtividade nas operações industriais. Ou seja, quanto melhor o planejamento, maiores são as chances de acertar na escolha do local do armazém; além disso, os recursos de TI podem auxiliar a gestão integrada da logística.

Para definir a localização de um armazém, deve-se realizar várias pesquisas, entre as quais a geográfica (Figura 2.6). Assim, quanto maior for o grau de conhecimento de um indivíduo, maiores serão as chances de acerto.

Figura 2.6 – Localização do armazém

Exercício resolvido

"O atual cenário é de forte concorrência, com inúmeros investimentos simultaneamente em implantação em diversos pontos do país, acompanhando a implantação de novas plantas industriais e estabelecendo novos fluxos de carga". (Rodrigues, 2009, p. 149). Com base nessa afirmação, assinale a alternativa que corresponde a uma estratégia de armazenagem:

    a. Investimento em tecnologia da informação.

    b. Investimento em equipamentos de transporte logístico interno.

    c. Investimento na mudança do centro de distribuição.

    d. Investimento em unitização de embalagens.

Resposta correta: a. Por mais que os equipamentos de transporte interno possam otimizar a logística de distribuição e que, em alguns casos, seja necessária a mudança do centro de distribuição, os investimentos em TI correspondem a uma estratégia primordial ao setor de armazenagem, em razão da gama de informações que podem ser obtidas e processadas.

O **estoque** pode ser entendido como uma acumulação organizada de materiais que serão posteriormente transformados. Contudo, além de acumular, guardar e organizar os materiais, deve-se definir sua localização. Pensemos no seguinte exemplo: Qual é a função de uma caixa d'água? Armazenar água para o uso futuro. Ainda, outras perguntas podem ser feitas antes de se definir a alocação de uma caixa d'água: Onde será instalada? Para quem será destinada a água reservada? Para qual finalidade?

Figura 2.7 – Caixa d'água

Muitos condomínios residenciais e industriais precisam planejar a instalação de caixas d'água, bem como desenvolver mecanismos de controle desse recurso. Essa técnica é bastante utilizada em regiões geográficas áridas ou em situações emergenciais de falta de água por crise hídrica, como ocorreu na cidade de Curitiba, no Paraná, no ano de 2020:

> *A Sanepar já concluiu a seleção das 2.800 famílias que serão beneficiadas com a entrega gratuita de caixas d'água na Região Metropolitana de Curitiba. A Companhia segue o cadastro da Tarifa Social e critérios técnicos, como morar em área de rodízio e em localidades onde é mais demorada e difícil a recuperação do abastecimento (ponta de rede ou topografia acidentada). Por dia, estão sendo instaladas 56 caixas de 500 litros. (Paraná, 2020b)*

A analogia entre a caixa d'água e a gestão de um armazém concerne à ação do gestor sobre os diferentes tipos de armazém, ou seja, cada estrutura de armazenamento tem uma finalidade específica, visto que certos produtos requerem locais diferenciados de estoque e armazenagem. Por isso, para que o material seja guardado e conservado com sucesso, a escolha do local é muito importante.

É preciso lembrar que uma das funções da armazenagem é proteger o produto de intempéries climáticas, animais daninhos, agentes microbiológicos ou qualquer elemento interno que possa danificá-lo. Os métodos de manuseio e estocagem também são definidos de acordo com as características físicas e químicas do produto (Dias, 2012). Ainda, de acordo com as necessidades da empresa, os armazéns podem ser próprios, alugados ou terceirizados. O projeto de armazéns deve ter dimensões adequadas, para que os bens materiais sejam guardados com segurança, além de permitir o deslocamento físico de máquinas e equipamentos.

Segundo Chiavenato (1999), a tomada de decisão deve ocorrer depois de se ponderar a respeito de duas ou mais alternativas ou formas diferentes de se fazer algo. Quando um gestor logístico decide implantar uma estrutura de armazém, ele deve pesquisar as opções de mercado em consonância com as necessidades de estoque de matérias-primas, produção, disponibilidade de mão de obra e, principalmente, custos.

> *A vida de qualquer administrador é uma sucessão de incontáveis decisões. Algumas, talvez a maioria, são tão rotineiras que exigem pouco esforço do pensamento. São decorrentes de respostas a problemas lógicos. Outras, entretanto, exigem um certo tipo de sensibilidade especial, uma forma diferente de desenvolver o pensamento. Estas são as decisões estratégicas – são as que lidam com novas direções, mudança, visão de mundo, vencer a competição, e até, em muitos casos, lucrar. (Costa Neto, 2007, p. 40)*

Quando as organizações têm armazéns próprios, eles são construídos e gerenciados pela logística da própria empresa, permitindo maior controle e autonomia das operações. Os custos desse tipo de armazém tendem a ser altos, pois a organização precisa confiar na *expertise* dos funcionários, responsáveis pela logística interna e pela manutenção do armazém.

Os armazéns alugados podem ser contratados por área de utilização, proporcionando maior flexibilidade no uso do espaço. Por um lado, existe a possibilidade de reduzir custos agregados de manutenção física, mas, por outro, a empresa tem de honrar com os valores do aluguel, além da mão de obra especializada para operar na logística interna. Normalmente, essa é uma opção intermediária, pois a empresa, ainda que faça uso dela, precisa dispor de colaboradores para operar os processos de estoque e de movimentação de materiais.

Por fim, os armazéns terceirizados dispensam maiores cuidados com a guarda e a movimentação de materiais pela empresa contratante, pois esta passa as responsabilidades para a contratada, que, tecnicamente, é especializada em guardar e monitorar determinado tipo de material. Outra grande vantagem dessa modalidade é que a empresa contratante conta, ainda que implicitamente, com a alta qualidade e a performance da contratada. As necessidades implícitas, segundo Marshall Junior et al. (2006, p. 167), correspondem às "exigências legais e regulamentares; aspectos e características comuns ou esperados do desempenho e funcionalidades para o produto, bem como aspectos e características desejáveis para a função que, embora não declarados pelo cliente, sejam de interesse da organização". Assim, quando uma empresa contrata um armazém terceirizado, reduz custos com pessoas, pois dispensa o treinamento específico de funcionários para as atividades de estoque, além de diminuir as chances de acidentes de trabalho, avarias, perdas, danos e desperdícios de materiais.

O gestor logístico também deve ter uma ampla visão do mercado econômico, pois as altas taxas de juros e a escassez de recursos tendem a baixar o nível de estoque; diante de uma demanda incerta de giro (número de vezes em que os produtos saem das prateleiras e os materiais se renovam), as empresas têm de manter um estoque de segurança (nível mínimo de produtos estocados) para evitar problemas.

Como sabemos, a produção corre o risco de ser interrompida caso os níveis de estoque estejam muito baixos, ou seja, por falta de produto, toda uma cadeia de produção pode ser prejudicada (Martins; Alt, 2000). É importante ressaltar que as informações sobre os níveis de estoque de uma empresa têm extrema influência em todos os resultados da organização.

Seja qual for a decisão sobre o local de armazenagem, é preciso considerar que as reduções de materiais estocados devem ser constante e criteriosamente avaliadas; o ideal é que as empresas mantenham o nível adequado de estoque de materiais de forma a não comprometer a produção e a entrega de produtos e serviços aos clientes.

Você provavelmente está se perguntando sobre os armazéns de produtos perigosos, de produtos químicos ou, até mesmo, radioativos, que precisam, é claro, de cuidados especiais. Muitas matérias-primas consideradas de manuseio perigoso são de extrema importância para a indústria, por exemplo, a farmacêutica, e seu local de instalação deve ser estrategicamente planejado, cumprindo os protocolos legais de segurança, entre eles de sinalização.

Nesse caso, além de pessoas treinadas para trabalhar com os processos de armazém, são necessárias instalações adequadas de acordo com as características técnicas do produto.

Lembrando que os objetivos da armazenagem, independentemente do material estocado, são:

- Otimizar o uso dos espaços físicos.
- Facilitar o acesso às prateleiras do armazém.
- Proteger os materiais.
- Facilitar a movimentação interna entre os corredores.
- Otimizar o trabalho dos colaboradores.
- Otimizar o deslocamento dos instrumentos de transporte.
- Reduzir os custos de operação.
- Otimizar o processo de entrega do produto ao cliente.

Do ponto de vista do gerenciamento administrativo, são inúmeras as vantagens do uso de armazéns, mas existem materiais que precisam de cuidados ainda mais específicos, como os nocivos à saúde humana. Havendo a necessidade de armazenar cargas perigosas no ambiente industrial, este deve seguir padrões internacionais de normatização em consonância com as instruções legais brasileiras, de acordo com a Norma Regulamentadora 26 (NR 26): sinalização de segurança – Portaria n. 229, de 24 de maio de 2011 (Brasil, 2011). De forma geral, os materiais perigosos precisam de uma área que permita isolamento e técnicas de movimentação específicas, evitando que o ambiente e as pessoas sejam contaminados, além de sinalizações adequadas.

A Figura 2.8 é um modelo de sinalização para os ambientes, equipamentos e embalagens que interagem com produtos perigosos.

Figura 2.8 – Sinalização de produtos perigosos

Arcady/Shutterstock

As principais substâncias químicas, consideradas perigosas e que necessitam de armazenagem específica, são classificadas em corrosivas, tóxicas, radioativas e oxidantes.

Nas substâncias **corrosivas**, encontram-se os materiais ácidos em geral, o fósforo e o ácido sulfúrico, que causa queimaduras. Nas **tóxicas**, estão os amoníacos, o *thinner* e os combustíveis. As substâncias **radioativas** podem emitir radiações dos tipos alfa, beta e gama. Entre os elementos **oxidantes**, estão o iodo, o potássio e o ácido nítrico.

Os materiais que possuem substâncias químicas consideradas perigosas precisam também de cuidados especiais nas etapas de processamento industrial e de embalagens, a fim de que o transporte, por via terrestre, aérea, ferroviária ou aquaviária, ocorra de forma segura.

Um sistema logístico de armazenagem eficiente permite que uma empresa explore suas vantagens produtivas com relação a determinados produtos, aumentando o nível de negociação, o que incluí os modais, pois, como aponta Dias (2012, p. 33), "Quando se compara a distribuição dos modais do Brasil com os outros países de porte equivalente, verificamos claramente como estamos moldados no transporte rodoviário".

A Resolução n. 420, de 12 de fevereiro de 2004 (Brasil, 2004), da Agência Nacional de Transportes Terrestres (ANTT), determina que deve haver padronização nos números de identificação em placas de sinalização de substâncias perigosas e/ou inflamáveis, advertindo sobre seus respectivos riscos.

As normas regulamentadoras vigentes no país estipulam também o uso de simbologias para a movimentação de produtos perigosos. Conforme estabelece a NR 26:

> 26.2 *Classificação, Rotulagem Preventiva e Ficha com Dados de Segurança de Produto Químico.*
>
> 26.2.1 *O produto químico utilizado no local de trabalho deve ser classificado quanto aos perigos para a segurança e a saúde dos trabalhadores de acordo com os critérios estabelecidos pelo Sistema Globalmente Harmonizado de Classificação e Rotulagem de Produtos Químicos (GHS), da Organização das Nações Unidas.* (Brasil, 2011)

A rotulagem dos produtos perigosos nos armazéns deve seguir os padrões internacionais de segurança. Recomenda-se que as instruções sejam descritas de forma breve e precisa, a fim de não confundir os operadores. A linguagem deve ser prática, porém bem redigida, evitando riscos no momento da manipulação dos materiais.

Em um rótulo, devem constar as seguintes informações:

- nome técnico do produto;
- indicações de risco;
- palavras de advertência quanto ao grau de risco;
- medidas preventivas de segurança e de primeiros socorros, caso sejam necessários;
- dados especiais em casos de incêndio, derrame ou vazamento.

A NR 26 fixa como deve ser realizada a rotulagem:

26.2.2.1 A rotulagem preventiva é um conjunto de elementos com informações escritas, impressas ou gráficas, relativas a um produto químico, que deve ser afixada, impressa ou anexada à embalagem que contém o produto.

26.2.2.2 A rotulagem preventiva deve conter os seguintes elementos:
a) identificação e composição do produto químico;
b) pictograma(s) de perigo;
c) palavra de advertência;
d) frase(s) de perigo;
e) frase(s) de precaução;
f) informações suplementares. (Brasil, 2011)

Para o manuseio de produtos químicos, sugere-se o uso de ficha de informação técnica, para que haja uma manipulação mais segura e o ambiente de armazenagem esteja igualmente protegido.

Os armazéns voltados a *commodities*, como grãos, madeira, algodão e fumo, devem contar com um sistema de armazenagem eficiente a fim de garantir maior qualidade para os materiais, pois a conservação desse tipo de produto é muito delicada em razão de sua perecibilidade.

Grande parte dos armazéns de grãos no Brasil trabalham com sistemas de exaustão de ar, além da instalação de instrumentos de conservação da temperatura ambiente. Sistemas de aeração, por exemplo, proporcionam, por meio do controle de sistemas de ventilação, a manutenção adequada dos grãos. Além disso, os armazéns de grãos devem apresentar estrutura para inibir a proliferação de insetos, uniformizar a temperatura, prevenir o aquecimento de grãos e remover odores.

Armazéns para produtos líquidos, como o petróleo e os combustíveis, precisam de autorização especial da Agência Nacional do Petróleo, Gás e Biocombustíveis (ANP) para operar com segurança, principalmente nos momentos de carga e descarga. A Figura 2.9 apresenta um modelo de estrutura para a armazenagem de produtos líquidos. Essas estruturas também podem ser cobertas.

Figura 2.9 – Armazenagem de materiais líquidos

Armazéns frigorificados ou refrigerados (Figura 2.10) são utilizados para estocar materiais perecíveis, como frutas, peixes e carnes, entre outros que também precisam de cuidados especiais para operação, principalmente quanto à temperatura e à higienização.

No mercado atual identifica-se o esforço das empresas logísticas em adquirir estruturas físicas e recursos tecnológicos que as auxiliem na busca de uma excelência na cadeia a fim de contribuir qualitativamente com seus fornecedores.

Figura 2.10 – Armazém refrigerado

Além de conhecer os produtos, o gestor deve considerar as seguintes situações para a escolha da localização do armazém:

- A demanda da empresa e os tipos de produtos comercializados.
- O nível de serviço a ser estabelecido com o cliente, como o tempo de entrega.
- A disponibilidade de espaço para a construção do armazém.
- A localização de clientes e fornecedores – o ideal é que todos estejam próximos.
- A necessidade de transportes para prever a quantidade e os tipos de modais a serem utilizados. Recomenda-se elaborar um cronograma.
- A localização das fábricas, pois o armazém funciona como um ponto de apoio para elas.
- A localização dos centros de distribuição, para otimizar a entrega dos produtos acabados.

A Figura 2.11 mostra uma preparação para o sistema de armazenamento de grãos. Quanto mais eficiente for o sistema, menores serão as perdas de matérias-primas.

Figura 2.11 – Armazenamento de grãos

Juan Enrique del Barrio/Shutterstock

Para saber mais

KEPLER WEBER. **Processo de armazenagem**. 10 jul. 2014. Disponível em: <https://www.youtube.com/watch?v=xPDZMUjoH-o>. Acesso em: 8 jan. 2021.
O vídeo demonstra o processo de armazenagem de grãos.

No desenho da planta/*layout*, para a construção do armazém, o gestor deve considerar os seguintes aspectos:

- Acessibilidade dos operadores aos materiais estocados.
- Facilidade do fluxo dos materiais.
- Redução das áreas obstruídas.
- Elevação da eficiência do trabalho.
- Segurança.

Com relação aos tipos de instalações para os armazéns, o gestor deve efetuar escolhas de acordo com o modo de operação. Assim, essas instalações podem ser com piso, com cobertura e com paredes divisórias. De modo geral, as instalações do armazém devem conter:

- Área administrativa.
- Área de movimentação ou de serviços.
- Área de estocagem.
- Áreas de circulação principal e secundária.
- Corredores de acesso.
- Áreas de segurança.
- Área de unitização das cargas

As atividades de armazenamento podem ser divididas:

- Por grupo.
- Por tamanho, peso e volume.
- Por frequência.
- Por local de montagem.

A gestão estratégica da cadeia de suprimentos é essencial para que as empresas se mantenham competitivas no mercado atual, que segue as diretrizes da globalização, com demanda por produtos rápidos e de qualidade. Desse modo, efetuar escolhas estratégicas durante a instalação de um armazém é fundamental.

Para uma melhor localização dos materiais estocados, sugere-se o uso de códigos, com o auxílio da tecnologia da informação para o desenvolvimento de codificações de endereço por dígitos. Assim, o material pode ser localizado pelo código que direciona o operador ao local correto, como prédio, rua, fileira, pilha e andar do armazém.

2.3 Tipos de armazenagem: escalonada, direta ou mista

Toda empresa, sem exceção, necessita de algum tipo de recurso material, insumos ou produto para desenvolver suas atividades operacionais.

Para que os setores, departamentos ou áreas de conhecimento de uma organização possam executar suas tarefas, são designadas verbas financeiras para a aquisição de materiais – por exemplo, para que o setor de Produção opere, são necessários dispêndios financeiros para a compra de equipamentos de proteção industrial (EPIs); para que uma cozinha industrial funcione são necessárias embalagens; para que o setor de Marketing converta vendas, são necessários computadores, impressoras e materiais de escritório.

De forma a garantir que esses materiais cheguem no tempo certo e no lugar correspondente às operações empresariais, é necessário efetuar compras. Dessa forma, cabe ao setor de Compras fazer uma busca mercadológica pelos diversos tipos de materiais, insumos e produtos acabados para atender a suas operações. Portanto, esse setor é responsável pelo levantamento da cotação de preços no mercado, exigindo, ao mesmo tempo, qualidade e prazos de entrega. A aquisição, na maioria dos casos, dar-se-á pelo cálculo do custo-benefício.

Assim, cabe aos fornecedores escolher o melhor tipo de armazenagem de forma a otimizar a entrega dos produtos aos clientes. Vejamos o esquema da Figura 2.12 que apresenta os tipos de armazenagem.

Figura 2.12 – Tipos de armazenagem

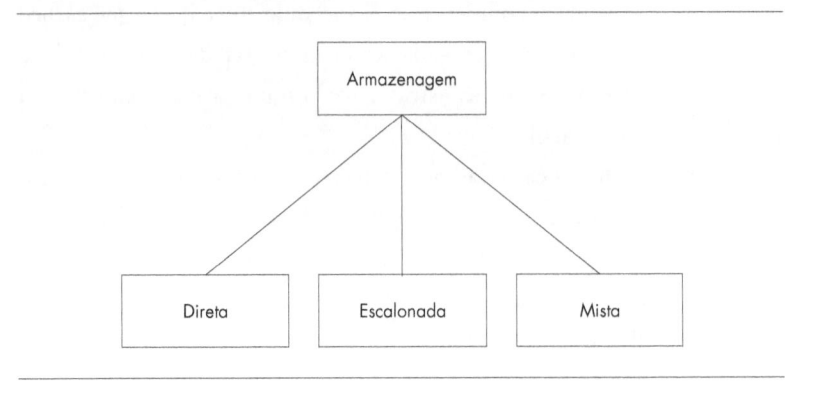

```
                    Armazenagem
                   /     |     \
              Direta  Escalonada  Mista
```

A armazenagem **escalonada**, também conhecida como *sequencial*, faz parte das estratégias de logística para a distribuição de múltiplos produtos que são vendidos sequencialmente ao consumidor. As grandes empresas de atacado e varejo executam esse tipo de armazenagem

Nessa modalidade, a fábrica tem um armazém central e outros auxiliares para o estoque. Essas estruturas auxiliares também são conhecidas como *centros de distribuição*.

> *Centros de distribuição são áreas de armazenagem altamente sofisticadas e dispondo de elevado nível de tecnologia de informação, destinadas a operações de alta rotatividade, denominadas de cross-docking, destinadas ao recebimento de grandes lotes homogêneos, que serão desmontados e separados para montar os pedidos de clientes e roteirizar a programação de entregas. (Rodrigues, 2009, p. 84)*

Por causa da tecnologia aplicada, a função dos centros de distribuição, por sua vez, é fornecer produtos para os mercados de forma mais rápida. A Figura 2.13 representa estações de ancoragem de um centro de distribuição.

Figura 2.13 – Estações de ancoragem de um centro de distribuição

Na armazenagem **direta**, não há centros de distribuição, ou seja, do armazém central os produtos são encaminhados diretamente para o consumidor. Por exemplo, as compras pela internet, *on-line*, normalmente são realizadas por estrutura direta de armazenagem.

Na armazenagem **mista**, à organização do armazém central estão integrados os centros de distribuição. Nesse caso, o produto pode chegar às mãos do consumidor tanto por uma estrutura quanto por outra, dependendo da estratégia gerencial da empresa. Nas estruturas mistas de armazenagem, normalmente, quando os pedidos dos clientes são realizados sob a forma de encomenda, o pedido é entregue em um prazo maior, pois vem do armazém central. Para algumas estruturas, a armazenagem está alocada, até mesmo, em outro estado.

Exercício resolvido

"As mais eficazes técnicas da gestão de estoque sinalizam para grandes reduções dos níveis de estoque." (Rodrigues, 2009, p. 28). Uma alternativa de aquisição de produtos com agilidade, sem gerar estoques, é o sistema de compras *on-line*. Assinale a alternativa que apresenta o tipo de armazém que caracteriza esse serviço:

> a. Armazenagem escalonada.
> b. Armazenagem direta.
> c. Armazenagem mista.
> d. Armazenagem indireta.
>
> Resposta correta: b. Na estrutura direta de armazenagem, o cliente é atendido diretamente pelo armazém central. Todavia, nada impede que o cliente seja atendido via escalonamento, por meio de algum centro de distribuição alocado nas regiões geográficas próximas ou em cidades satélites. Por exemplo, as redes de varejo Polishop têm estruturas de armazenagem escalonadas em shoppings, para atender aos clientes com produtos de forma imediata.

O Quadro 2.2 compara os três principais modelos de estruturas de armazenamento estratégico.

Quadro 2.2 – Características da armazenagem

Armazenagem	Características
Escalonada ou sequencial	Há um armazém central, mas quem distribui os produtos aos clientes são os centros de distribuição.
Direta	O cliente é atendido diretamente pelo armazém central.
Mista	Há um armazém central para atender ao cliente, mas essa ação pode ser realizada pelos centros de distribuição, dependendo do tipo de compra.

Para a escolha do melhor tipo de armazenagem, a empresa deve considerar as perspectivas do mercado e as oportunidades de negócios, pois, como vimos anteriormente, todo o processo de armazenagem, assim como o tempo de entrega dos produtos, envolve custos. A gestão de suprimentos das empresas é um ponto muito importante a ser administrado de maneira eficiente, já que engloba uma sequência de operações, desde o contato com o fornecedor, passando pelos processos de cotação de preços e prazos para a efetivação da compra até o atendimento rápido e qualitativo do cliente final. Entende-se que o gestor logístico deve usar sua *expertise* e voltar seu olhar para os tipos de armazenagem visando à otimização dos processos industriais.

Síntese

- A expertise do gestor de armazém começa pela capacitação técnica e passa pelo conhecimento geral do mercado e de seus clientes, a fim de assegurar o funcionamento eficiente dos processos logísticos.
- A escolha da localização física do armazém, entre as várias necessidades de armazenagem que precisam ser ponderadas, está atrelada à estocagem de produtos diferenciados, desde os perigosos, como os químicos, até os que necessitam de armazenagem refrigerada.
- As empresas podem usar, ao mesmo tempo, mais de um tipo de armazenagem – direta, escalonada ou mista –, pois o objetivo é atender aos clientes no menor prazo e com garantia de qualidade.

Estudo de caso

Os colaboradores de uma empresa estão com excesso de fadiga. A qualidade dos produtos manufaturados e lançados no comércio, nos últimos dois anos, fez com que a empresa expandisse seu negócio e ganhasse a cada dia mais fatias do mercado consumidor. Com isso, ela aumentou o espaço do armazém, no que tange à estrutura física bruta de alvenaria, e contratou mais funcionários, porém a grande maioria dos colaboradores encontra-se cansado antes mesmo do final de seu turno de trabalho. O desafio do gestor é encontrar intervenções logísticas, de acordo com modelos de boas práticas, para sanar o problema.

Caso

A empresa Beta iniciou suas operações no ano 2000 com a produção de roupas para o público infantil de 0 a 8 anos de idade. Seus diferenciais são a qualidade da malha das roupas, o bordado, o acabamento e o desenho do molde, planejamento que ocorre no intervalo de seis meses, ou seja, após a fase de bebê, as roupas são produzidas para crianças em idades fracionadas, como: um ano, um ano e meio, dois anos, dois anos e meio, e assim por diante. Essa empresa tem características familiares, pois começou como um microempreendimento cujas produção, armazenagem e entrega eram desenvolvidas por mãe, pai, filhos e sogra. À medida que a empresa foi crescendo, foram contratados outros profissionais especializados no ramo do vestuário, mas sem maiores planejamentos de maquinário e de tecnologias voltadas à comunicação para o armazém.

Em razão da grande área do terreno, os donos da empresa ampliaram o barracão do armazém e a produção, porém notaram um excesso de cansaço em seus funcionários e um decréscimo de produtividade nos últimos tempos. Diante dessa problemática, a empresa contratou um gestor logístico experiente e tecnicamente qualificado a fim de que utilize toda a sua *expertise* para sanar o problema.

O presente estudo de caso visa a propor melhorias para a empresa Beta, tomando por base a experiência do gestor logístico. De início, é preciso elaborar um diagnóstico e destacar os principais gargalos que influenciam diretamente o armazém e, por consequência, a produção. Dessa forma, espera-se a proposição de melhorias para a cadeia logística, que, se forem aplicadas, tornarão o fluxo de informações e de materiais mais eficientes, aumentando o desempenho operacional da organização e diminuindo a fadiga dos colaboradores.

Resolução

É possível perceber que a empresa tem problemas de planejamento para a expansão da produção, sobretudo do armazém. Analisando as informações apresentadas, seguem algumas sugestões:

- Realizar reuniões mensais com as equipes operacionais e de coordenação para levantar o diagnóstico da situação atual do armazém e da fábrica, melhorando, assim, a comunicação entre os colaboradores. Com isso, pode-se analisar se há sobrecarga de trabalho para alguns funcionários.
- Levantar o número de atividades que cada colaborador realiza.
- Redesenhar o fluxo de atividades e aplicar um manual técnico de funções, dividido por áreas.
- Redistribuir as atividades de trabalho.
- Adquirir equipamentos de movimentação e levantamento de materiais no armazém, como empilhadeiras, paleteiras e carrinhos elétricos e manuais.
- Implementar ferramentas de tecnologia da comunicação para o recebimento e a estocagem de materiais, como leitores de código de barras.
- Efetuar treinamento com as equipes de recebimento de materiais para a inspeção dos procedimentos de qualidade.
- Efetuar treinamento em saúde e em segurança do trabalho com todos os colaboradores.

Dica 1

Muitas empresas, ao expandirem seus negócios, acabam se perdendo nos processos de comunicação entre os colaboradores e os líderes imediatos. Contudo, é imprescindível que uma organização saiba reter talentos e que todos compreendam que são peças fundamentais para o funcionamento das engrenagens da empresa, sem as quais não há produto final.

Uma vez unidos, os ganhos de produção alcançam a todos: empregadores e empregados. Os colaboradores, se trabalharem em equipe, serão mais fortes, sem que haja a necessidade de sobrecarga de funções.

Dica 2

A implementação de um manual técnico de funções e de programas de qualidade é fundamental para o sucesso produtivo das empresas e para a diminuição da fadiga, das perdas de materiais e do retrabalho das operações. Contudo, é de extrema importância que o funcionário perceba as anomalias em curso, ou seja, ele precisa ter consciência dos problemas para poder decidir, junto com os gestores, pela mudança.

Sugerimos a visualização do seguinte vídeo:

TCC: como movimentar e organizar o seu estoque. Disponível em: <https://www.youtube.com/watch?v=XFwKdV-3Avg>. Acesso em: 8 jan. 2021.

Dica 3

Os colaboradores precisam receber capacitação no tocante à saúde e à segurança do trabalho, com consciência de que essa prática é necessária para garantir o bem da empresa e, sobretudo, da saúde física e mental de cada colaborador. O trabalho desenvolvido com segurança reduz os índices de fadiga, podendo, até mesmo, eliminá-los.

Sugerimos a visualização do seguinte vídeo:

SEGURANÇA do trabalho: conscientização. Disponível em: <https://www.youtube.com/watch?v=vPnUgHIe9jQ>. Acesso em: 8 jan. 2021.

Espaços físicos e capacidade de estocagem

Conteúdos do capítulo

- Tipos de estruturas porta-paletes.
- Planejamento das operações de intralogística.
- Recebimento de produtos.

Após o estudo deste capítulo, você será capaz de:

1. reconhecer a necessidade do dimensionamento da capacidade física de armazéns;
2. planejar um espaço físico para armazenagem de acordo com as necessidades de estocagem;
3. distinguir os tipos de estruturas físicas de armazenagem;
4. indicar a importância de estruturas tipo porta-paletes;
5. programar operações intralogísticas;
6. organizar processos de recebimento de produtos acabados e matérias-primas.

Caro leitor, você já passou pela experiência de dividir o espaço físico de uma casa ou de um escritório? Nessa situação, deve-se pensar em todos os detalhes: quantas pessoas vão morar ou trabalhar no local, quantos cômodos são necessários, a quantidade de móveis, o espaço para garagem, estudo, lazer, visitas e se haverá animais domésticos. Ou seja, a estrutura do lugar deve ir ao encontro das necessidades e exige planejamento e muita mão de obra.

capítulo 3

Assim acontece com as estruturas que fazem parte do espaço físico de um armazém. Elas devem ser muito bem planejadas para comportar o tipo de material e a capacidade de estocagem desejada. Com isso, o gestor de armazém deve focar suas atividades iniciais em pesquisas do ambiente físico, do mercado e das necessidades dos clientes.

Existem vários modelos de armazém, pois muitas matérias-primas e diversos produtos exigem estruturas específicas, tais como: produtos a granel, produtos químicos, refrigerados e eletrônicos, entre outros. O primeiro passo é definir e descrever o ramo de atividade destinado ao armazém, pois, no mercado, existem três grandes ramos de atividades:

1. **Indústria** – Trabalha com a transformação de matérias-primas em bens e produtos acabados. Por exemplo, fabricação de velas, embalagens, roupas, calçados, alimentos, remédios e cosméticos.
2. **Comércio** – Atua na compra e venda de bens e produtos acabados. Por exemplo, lojas de roupas e calçados, conveniências, brinquedos, eletrodomésticos, carros, motos e bicicletas.
3. **Serviços** – Agem na execução de trabalho ou de

desempenho de funções pagas por outra pessoa. Por exemplo, chaveiros, entregadores, encanadores e pintores.

Essas são as três grandes áreas de atuação mercadológicas que utilizam processos de armazenagem.

A forma como o armazém é construído também pode ser um fator limitante à produção, pois muitos materiais dependem de maior tempo cronológico para o deslocamento interno no armazém, bem como para o acomodamento das cargas. Da mesma forma, o tempo para a retirada de muitos produtos é maior e faz-se necessário o uso de veículos de locomoção, como empilhadeiras, paleteiras, carros elétricos e, até mesmo, tratores. As dimensões dos espaços físicos, bem como a alocação de bens móveis, devem ser planejadas com antecedência, ou seja, antes do início das operações de trabalho.

Figura 3.1 – Planejamento do espaço físico

industryviews/Shutterstock

São muitas as capacidades a serem desenvolvidas. Por isso, o profissional de logística é um dos mais requisitados no mercado de trabalho. Independentemente dos resultados econômicos de um país que sofre com tantas oscilações políticas, monetárias e desigualdades sociais, como o Brasil, há espaço no mercado para operadores logísticos qualificados, pois a indústria é uma das grandes esperanças de desenvolvimento para uma nação.

Os estudos que envolvem a armazenagem são de grande importância para o desenvolvimento econômico de um país, pois é por meio da logística que a indústria movimenta operações e exportações.

3.1 Espaço físico *versus* capacidade de estocagem

Como vimos anteriormente, o planejamento dos espaços físicos de estocagem, quando bem elaborado e aplicado, proporciona uma série de vantagens para a empresa: identifica áreas que demandam mais atenção técnica e segurança do trabalho; estabelece um fluxo mais rígido de informações para as tomadas de decisão com maior precisão e agilidade; facilita mudanças que sejam necessárias antes da execução dos planos de estoque estabelecidos; cria alternativas gerenciais para o maior aproveitamento do espaço físico e da capacidade do armazém; incentiva a utilização de modelos estruturais adequados aos diversos contextos ambientais atuais e futuros; orienta o desenvolvimento de outros planejamentos em nível tático ou operacional para o atendimento de novos clientes; possibilita a obtenção de melhores resultados operacionais e financeiros; e fortalece e agiliza o processo orçamentário de investimentos para o armazém. Desse modo, o planejamento deve ocorrer antes de todas as outras etapas de armazenagem.

> *O importante no planejamento de negócios é a jornada. O plano é seu ponto de partida. Ele traça um caminho até seu destino. Identifica quais os principais riscos e perigos a evitar no caminho. Oferece estratégias para lidar com vendavais e obstáculos. Apresenta marcos para confirmar o seu progresso. Ajuda a esperar o inesperado. Com um bom plano de negócio, você sabe onde começou, aonde está indo e como chegar lá. (Stutely, 2012, p. 31)*

Para o sucesso de um espaço físico de estocagem (armazém), é necessário que sejam definidas suas estratégias de atuação, sendo também de grande importância que todos os envolvidos no processo conheçam sua capacidade e sua estrutura. Portanto, tornar a estrutura organizacional de um armazém transparente para clientes e colaboradores é fundamental. A estrutura pode ser entendida como a representação gráfica da empresa, e funciona como a planta da corporação.

Quanto aos sistemas de estocagem (tópico que veremos mais adiante), vale adiantar o que defende Dias (2012, p. 197) a respeito da conformidade do sistema ao espaço disponível no armazém, bem como ao tipo e à quantidade de itens estocados:

> *A escolha do melhor sistema de estocagem é feita em função do espaço disponível, do número de itens estocados e seus tipos, do tipo de embalagem e da velocidade de atendimento necessária. Quando se faz um estudo de implantação ou modificação de um armazém, deve-se, sem dúvida nenhuma, efetuar uma comparação entre os custos de armazenagem do novo sistema e as vantagens adquiridas, em termos de tempo e de dinheiro. O princípio fundamental a ser observado é o do sistema de estocagem, ou seja, retirar ou acrescentar um material a qualquer momento.*

Para saber mais

PREMIUM SOLUÇÕES LOGÍSTICA. Projeto maquete 3D (centro de distribuição logístico). 22 mar. 2018. Disponível em: <https://www.youtube.com/watch?v=j1gDn-Kvl6I>. Acesso em: 11 jan. 2021.
O vídeo possibilita uma visita virtual a um espaço de armazém.

Nesse sentido, a estrutura do espaço físico (Figura 3.2) determina a capacidade de atendimento ao cliente.

Figura 3.2 – Espaço físico

Studio Dagdagaz/Shutterstock

Uma das finalidades do planejamento do espaço físico é definir com perfeita ordem a função que cada colaborador deverá executar dentro do armazém, garantindo a agilidade na identificação dos responsáveis por cada processo, assim como das necessidades de operação da empresa, fazendo com que a matéria-prima ou o produto acabado chegue com qualidade e no tempo certo ao cliente.

Da mesma forma, é necessário que cada colaborador conheça toda a estrutura e seus departamentos, para que cada um exerça, com a máxima eficiência, suas funções no armazém. Lacombe (2011, p. 181) diferencia **função** e **cargo** da seguinte maneira:

> *Função é uma posição definida na estrutura organizacional, a qual cabe um conjunto de responsabilidades afins e relacionamentos específicos e coerentes com sua finalidade, ao passo que cargo é um conjunto de funções de mesma natureza de trabalho, de requisitos em nível de dificuldades semelhantes e com responsabilidades em comum.*

A partir do momento em que estejam bem definidos o espaço e a estrutura de armazém, o processo de venda dos espaços aos clientes torna-se voluntário, ou seja, a tendência é de que o armazém seja procurado pelos clientes para a acomodação de diversos tipos de materiais presentes no mercado e em tempos variados.

Exemplificando

O volume de soja embarcado pelo Corredor de Exportação do Porto de Paranaguá nos últimos oito meses já supera em 5,1% o total exportado no ano de 2019. De janeiro a agosto, foram quase 11,15 milhões de toneladas exportadas do grão. No ano passado inteiro, de janeiro a dezembro, foram pouco mais de 10,6 milhões de toneladas da oleaginosa embarcadas pelo complexo.

Considerando todos os graneis movimentados, o volume chegou a cerca de 14,9 milhões de toneladas de soja, farelo e milho. Faltando ainda quatro meses para o fechamento do ano, o corredor já movimentou quase 74% do volume total registrado em 2019 – 20,2 milhões de toneladas.

Fonte: Paraná, 2020a.

O Porto de Paranaguá, como exemplificamos, bateu recordes de produção no Brasil mesmo com a pandemia do novo Coronavírus. Toda a movimentação de materiais precisou de espaço para a armazenagem e um armazém eficiente utiliza todo o espaço da melhor forma possível, fazendo interagir operadores, equipamentos e espaço físico, a fim de que os materiais sejam acomodados da forma mais adequada. O esquema da Figura 3.3 mostra a dinâmica implícita ao processo de armazenagem.

Figura 3.3 – Armazenagem

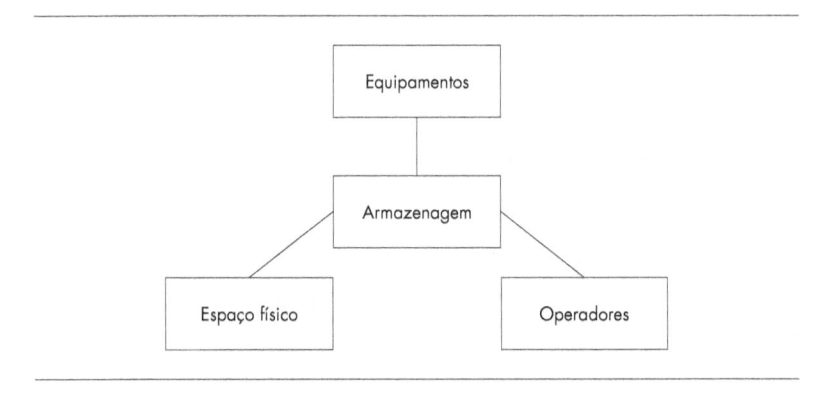

Outro desafio dos espaços de armazenagem é propor flexibilidade para a movimentação de materiais, acomodando-os adequadamente e a baixos custos. Um armazém "caro" fará com que os valores sejam repassados ao cliente, aumentando, assim, o preço final de venda.

3.2 Tipos de estruturas porta-paletes

Os paletes são elementos imprescindíveis para as operações logísticas. Eles são suportes padronizados que auxiliam a movimentação de materiais dentro e fora das estruturas da armazenagem, proporcionando maiores estabilidade e segurança às cargas.

Esses objetos são construídos em forma de estrados, utilizando-se, para tanto, materiais como madeira, fibras e, até mesmo, aço. As cargas, preferencialmente unitizadas, para proporcionar maior estabilidade, são colocadas sobre os paletes e, posteriormente, movimentadas, manuseadas e armazenadas. Os paletes dão maior segurança aos operadores toda vez que é necessário retirar materiais dos estoques.

Esse processo deve ocorrer com a máxima segurança. Para tanto, a fixação dos produtos no palete pode ser feita com cintas ou cordas – elementos adicionais no processo, ou seja, não são todas as cargas que precisam ser fixadas.

A Figura 3.4 demonstra a estrutura de um palete de madeira.

Figura 3.4 – Palete de madeira

Tanto as embalagens quanto as formas de movimentação de materiais têm um papel importante para a segurança dos processos logísticos. Cabe ressaltar que os acidentes de trabalho, além de provocarem danos pessoais e materiais, atrasam os processos produtivos e a consequente entrega do produto ao cliente. Nesse sentido, as embalagens garantem o sucesso de um sistema de abastecimento, pois proporcionam segurança tanto para o material quanto para quem é responsável por sua movimentação. Nessa perspectiva, um único material pode conter embalagens primárias, secundárias, terciárias e até quaternárias, de acordo com sua necessidade.

Nesse sentido, a **unitização** (Figura 3.5) corresponde a um processo que visa diminuir os volumes dos materiais, juntando-os e reembalando-os em uma única estrutura. Dessa forma, o manuseio das embalagens é facilitado e os produtos estão mais protegidos no processo de movimentação, o que contribui para a qualidade na entrega desse produto ao cliente. Afinal ninguém quer receber uma embalagem amassada, rasgada ou furada.

Figura 3.5 – Unitização

Erich Sacco/Shutterstock

A unitização é um processo internacionalmente reconhecido e que proporciona maior segurança e confiabilidade em importações e exportações de produtos acabados e matérias-primas.

> *Com o aumento das trocas entre países dos vários continentes, foi tornando-se necessário estabelecer normas de medidas para os recipientes de manuseio, formados*

por cargas unitárias. Foi então organizada uma comissão brasileira para estudar o assunto e conseguir um resultado comum a todos [...], um palete de 1,00m x 1,20m, com área mais próxima a todos aqueles colocados no programa. (Dias, 2012, p. 51)

Os profissionais de logística de armazenagem trabalham para evitar que ocorram avarias nas embalagens, o que significa estrago, danos e perdas para o processo industrial. Os estragos que as mercadorias podem sofrer podem ocorrer também dentro de caminhões, navios, aviões e outros modais de transporte utilizados. Nesses casos, a perda ou o prejuízo gera uma despesa imprevista para a empresa, podendo interferir no tempo de chegada do material a seu destino. Na grande maioria dos casos, as empresas são indenizadas, posteriormente, pelos seguros de transporte.

Danos à embalagem podem significar falhas no processo industrial, causando mal-estar entre fornecedor e cliente, independentemente do local em que tenha ocorrido o problema, desde a estocagem, passando pela manipulação e, até mesmo, no ato da entrega.

Exercício resolvido

Uma estrutura de palete suporta 36 caixas de papelão acomodadas sobre ela, prontas para a movimentação física que será realizada por uma empilhadeira elétrica. Contudo, o técnico de segurança do trabalho da empresa proibiu essa atividade, alegando riscos de acidente de trabalho pela possibilidade de tombamento do material, além dos riscos de avarias da carga. Assinale a alternativa que corresponde à ação correta a ser tomada, de forma que a movimentação do material seja realizada e a produção não atrase, afetando, assim, a entrega ao cliente:

   a. Troca de embalagem por caixas mais resistentes que o papelão, como fibras ou madeira.
   b. Solicitação de mais operadores de produção para a movimentação manual das caixas.

c. Unitização das embalagens, diminuindo assim o volume da carga, proporcionando maior segurança para o transporte e para o material.

d. Troca de equipamento de movimentação/transporte para uma paleteira manual, transportando as caixas uma a uma.

Resposta correta: c. A unitização seria a proposta mais viável. Como vimos, esse processo consiste na junção de várias caixas em um único volume. Esse tipo de procedimento proporciona maior segurança para o deslocamento de materiais, principalmente se realizado por empilhadeiras, evitando o tombamento das caixas e da própria máquina, além de não colocar em risco a saúde dos operadores.

Mesmo para quem não trabalha com atividades industriais, a embalagem faz parte de seu dia a dia, assim como de toda a população economicamente ativa, sendo mais fácil imaginar as operações do ponto de vista técnico. Contudo, há uma outra estrutura muito utilizada nos processos de armazenagem logística que se chama *porta-paletes*.

Os porta-paletes são estruturas verticais com garras que permitem que o operador tenha acesso a todos os paletes do armazém, com ou sem materiais, em um sistema de sobe e desce, similar a um elevador, mas aberto. Com o porta-paletes, os materiais podem ser resgatados do armazém a qualquer momento, independentemente da sua ordem de entrada, auxiliando, assim, o sistema *First in, first out* (Fifo), pois a empresa tem acesso a cem por cento dos materiais colocando e recolocando os paletes a qualquer momento no armazém, em um sistema inteligente.

O Fifo corresponde à ordem de entrada de materiais nos estoques, mantendo a qualidade dos prazos de produção e de validade. Nesse modelo, o primeiro produto a entrar no estoque (*First in*) deve ser o primeiro a ser expedido (*First out*), obedecendo à ordem cronológica de recebimento. Uma vez que o método é aplicado nos armazéns, a tendência é manter os custos das operações, pois perdas de materiais oneram o sistema produtivo.

Segundo Dias (2011, p. 31), "todo e qualquer armazenamento de material gera determinados custos, que são juros, depreciação, aluguel, equipamentos de movimentação, deterioração, obsolescência, seguros, salário e conservação".

Para saber mais

LA SALYE, F. **Organize a casa com o sistema Fifo**. 7 set. 2016. Disponível em: <https://www.youtube.com/watch?v=bizk2Ez8E3U>. Acesso em: 11 jan. 2021.
O vídeo apresenta um exemplo prático de um dos modelos de reposição mais utilizados nas estruturas de armazenagem.

O porta-paletes permite que sejam armazenados vários tipos de materiais, sendo movimentados com agilidade e precisão, independentemente do peso. Outra vantagem é que, nos primeiros níveis do porta-paletes, o operador tem acesso manual aos materiais, o que contribui para que a empresa trabalhe com estruturas de embalagens distintas, como bobinas, tambores e contêineres, atendendo, dessa forma, a necessidades de armazenagem variáveis. A Figura 3.6 demonstra uma estrutura de porta-paletes industrial.

Figura 3.6 – Porta-paletes

Há também a possibilidade de o porta-paletes se adaptar a paletes com dimensões diferentes por meio do uso de longarinas – estruturas conhecidas como *vigas de ferro horizontal*, cuja função é distribuir o peso entre as colunas da estrutura do porta-palete, evitando que haja sobrepeso. Dependendo da estrutura, as longarinas podem ser maiores ou menores, com montantes (estruturas de ferro verticais) mais ou menos profundos, possibilitando a movimentação de cargas diferenciadas.

Para saber mais

IMAM CONSULTORIA. Fundamentos sobre estruturas porta-paletes. **Revista Intralogística**. Disponível em: <https://www.imam.com.br/consultoria/artigo/pdf/fundamentos-estruturas-portapaletes.pdf>. Acesso em: 11 jan. 2021.
Esse artigo apresenta a importância dos estudos que envolvem as estruturas que suportam os materiais nos armazéns e explica como se constrói tais objetos.

Os porta-paletes também se adaptam a diferentes tipos de equipamento de movimentação e elevação, como empilhadeiras e transpaleteiras. As estruturas dos porta-paletes contam com colunas que sustentam e resistem à compressão sofrida pelo deslocamento da estrutura, bem como garantem a estabilidade do porta-paletes como um todo.

Para comportar os porta-paletes, os armazéns devem ter o espaço físico em forma de linha, com amplos corredores para que as estruturas de metal sejam montadas, adaptando as cargas a diferentes alturas. Essas estruturas são regulamentadas pela NBR 15524 – Sistema de armazenagem: diretrizes para o uso de estruturas tipo porta-paletes seletivos –, a qual exige que aço para compor essas estruturas sejam de qualificação estrutural (ABNT, 2007). O não cumprimento das exigências da norma incumbem em penalidades legais e até mesmo criminais no caso de acidentes de trabalho.

Exemplificando

O Ministério Público do Trabalho em Sinop irá investigar o acidente de trabalho fatal ocorrido em um armazém localizado em uma fazenda no Distrito de Boa Esperança, a 100 quilômetros de Sorriso, no último dia 27 de março de 2019. Os trabalhadores foram identificados como Jocimar de Alencar da Cruz, de 32 anos, e Arquiel Monteiro da Silva, de 21 anos. Uma outra morte foi registrada em Santa Rita do Trivelato (a 343 km de Cuiabá).

A procuradora Luíza Prado, que conduz o caso, esclarece que a situação, após chegar ao conhecimento do MPT e por envolver tema de atuação prioritária da instituição, será objeto de apuração para correto delineamento dos fatos, das causas do acidente e dos responsáveis, a fim de se promover a regularização do meio ambiente laboral, o efetivo cumprimento das normas de saúde e segurança no trabalho e a responsabilização dos agentes envolvidos.

De acordo com a imprensa local, uma terceira pessoa foi retirada pelos funcionários e conseguiu se salvar. Um sargento do Corpo de Bombeiros disse ao site que as três vítimas estavam trabalhando nas obras de fundação do armazém quando foram atingidas pelo desmoronamento. Equipes da Polícia Civil e da Perícia Oficial e Identificação Técnica (Politec) também estiveram no local.

Fonte: Mendes, 2019.

A pintura do porta-paletes é outro fator importante, pois ela serve para proteger o material que compõe a estrutura, que é de aço. Vale lembrar que nas atividades de movimentação sempre ocorre algum tipo de atrito da estrutura com os materiais, os paletes, os garfos da empilhadeira ou a transpaleteria.

A Figura 3.7 mostra os principais equipamentos de movimentação utilizados nas estruturas de porta-paletes dos armazéns.

Figura 3.7 – Equipamentos de movimentação

Pavel Ilyukhin/Shutterstock

Até agora, falamos bastante sobre grandes estruturas de armazenagem, mas, para necessidades menores de estoque, em que o próprio empresário gerencia o espaço físico, está sendo cada vez mais divulgada no mercado a locação de estruturas conhecidas como *self storage*.

O *self storage* tem sido cada vez mais procurado por pequenos empreendedores por causa de sua praticidade e economia na locação de espaços para o estoque de diversos tipos de materiais a custos baixos. Podemos entendê-lo como uma estrutura de armazenagem terceirizada. O modelo *self storage* é um sistema de armazenamento em que o próprio cliente tem autonomia para gerenciar as entradas e as saídas de materiais. Na grande maioria dessas estruturas, a chave e o cadeado ficam com o próprio locatário, bem como as responsabilidades de organização dos materiais. Portanto, cada gestor cuida de seu *box* de armazenagem (Figura 3.8).

Certamente, as empresas mais competitivas são as que conseguem gerenciar suas estruturas internas, propondo ao cliente, além do produto, confiança, credibilidade, cooperação e colaboração.

Figura 3.8 – Boxes de armazenagem

São inúmeros os fatores que levam um gestor a locar espaços de armazenagem, entre os quais destacamos:

- Maior dedicação da empresa à missão do negócio.
- Redução e controle dos custos logísticos.
- Redução de ações trabalhistas.
- Utilização de tecnologias avançadas com menores custos.
- Aumento da competitividade da empresa.

Outra vantagem, além da redução de custos, é a segurança do *self storage*, pois, na maioria das vezes, esses ambientes têm câmeras de monitoramento. Contudo, o nível de terceirização vai depender da análise do custo/benefício de cada empresa.

> *Para as organizações conquistarem novos espaços no mercado muitas têm se utilizado da chamada logística empresarial. Disputar mercados somente com preços, qualidade e prazos já não é mais um diferencial competitivo uma vez que muitas organizações estão trabalhando desta forma. É preciso ampliar esta visão em termos de práticas empresariais percebidas pelos clientes e sociedade, como o uso da logística reversa e o cuidado com o meio ambiente. (Mello; Anunciação, 2015, p. 137)*

A locação desse tipo de estrutura tem sido adotada em todo o país, com espaços que variam de 2 a 100 metros quadrados, e valores variados, cujos contratos podem ser reincididos sem multas.

Para saber mais

BAND CIDADE. **Franquia Guarde Mais Self Storage**. 31 mar. 2017. Disponível em: <https://www.youtube.com/watch?v=AlwJpttW5hw&feature=youtu.be>. Acesso em: 11 jan. 2021.
A reportagem trata de franquias de *self storage* e aponta as oportunidades de mercado e a aplicabilidade desse modelo na armazenagem.

Atualmente, é possível terceirizar quase todas as funções de uma empresa, e o planejamento de armazenagem é uma decisão estratégica. O uso de determinado sistema de estocagem pode ser um fator determinante para o sucesso ou o fracasso das operações de uma empresa, pois está atrelado ao grau de maturidade da organização para atender ao cliente.

> *Uma organização existe para realizar alguma coisa: fabricar automóveis, emprestar dinheiro, fornecer hospedagem. Com o tempo a missão pode mudar para que novas oportunidades sejam aproveitadas ou para que mudanças nas condições do mercado sejam atendidas. (Kotler; Keller, 2012, p. 40)*

O gestor logístico pós-moderno tem a preocupação de procurar medidas que otimizem o desempenho da empresa, de forma que ela se torne mais competitiva no mercado.

Exercício resolvido

Um microempresário da cidade de São Paulo alugou um pequeno ponto comercial no centro histórico da cidade. Ele trabalha com a revenda de produtos industrializados na área de informática, como

> monitores, teclados, mouse e placas-mãe. Porém, ele tem usado sua residência como ponto de apoio para os estoques, o que não é adequado, até mesmo por motivo de segurança. Assinale a alternativa que se refere à estratégia correta a ser adotada pelo empresário:
>
> a. Alugar o espaço de um grande armazém industrial.
> b. Alugar outro imóvel para os estoques, podendo ser residencial.
> c. Alugar um *box* de *self storage*.
> d. Terceirizar todo o processo de armazenagem, desde as compras até a venda e a entrega do produto ao cliente.
>
> Resposta correta: c. A melhor alternativa para esse empresário é alugar um *box* de *self storage*, visto que se trata de uma estratégia de terceirização de armazenagem voltada a pequenos empresários ou a quem está iniciando suas operações logísticas.

3.3 Planejamento das operações intralogísticas

Os estudos de logística são mais amplos do que da intralogística. A logística envolve as operações de armazenagem, movimentação e transporte de materiais pela terra, água ou ar. Ou seja, ela integra todos os processos até que o produto chegue às mãos do cliente.

Entretanto, todas as operações que envolvem a movimentação interna de materiais, nos armazéns, nos centros de distribuição ou nas fábricas, fazem parte dos estudos da intralogística, também conhecido como *logística in house* ("em casa").

A Figura 3.9 representa um tipo de movimentação interna de logística.

Figura 3.9 – Operação intralogística

Nas atividades mercadológicas, a intralogística faz o controle interno, de forma eficiente, de todo o fluxo de armazenagem de materiais, tanto matérias-primas quanto produtos acabados, até o momento de sua distribuição, visando à máxima qualidade e eficiência na entrega ao cliente.

As principais vantagens de um sistema intralogístico são:

- Maior agilidade entre os fluxos de negócio.
- Melhor aproveitamento do tempo útil dos processos internos.
- Melhoria da produtividade dos profissionais.
- Otimização e organização da estrutura física de estoque.
- Melhor planejamento de produção e economia dos custos de operação.
- Aumento da competitividade frente aos concorrentes diretos e indiretos.

A intralogística é aplicada tanto em indústrias quanto em redes de atacado e varejo. Vale destacar que, a partir do momento em que um produto é recebido, começam as atividades intralogísticas. Para um melhor entendimento, vejamos o esquema a seguir.

Figura 3.10 – Processos intralogísticos

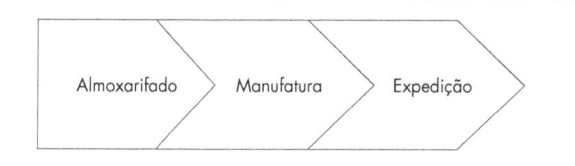

```
Almoxarifado  >  Manufatura  >  Expedição  >
```

Em uma empresa, a intralogística determina o funcionamento dos fluxos internos de insumos, matérias-primas e produtos acabados, ou seja, cuida da movimentação de cada operação industrial ou de uma rede de atacados ou varejos. No momento em que são realizadas as conferências de insumos e matérias-primas, iniciam-se as operações da intralogística, que prosseguem com as atividades de manufatura para transformar essas peças em produtos acabados, bem como com a junção de materiais dos diversos tipos de estoque, até o encaminhamento do produto para a expedição.

Logo, as operações que envolvem a intralogística estão presentes nas diversas movimentações de insumos nos estoques, a fim de que esse material seja processado e chegue às mãos dos clientes. Um dos desafios da intralogística é a economia de movimentação humana e de materiais de forma que haja as menores perdas possíveis.

Exercício resolvido

Uma grande indústria do ramo de cosméticos tem parte das suas operações focadas no processo produtivo de sabonetes. O gerente de produção realizou o pedido de compras de matérias-primas ao setor responsável da empresa para atender a uma demanda específica do Dia das Mães. Assinale a alternativa que corresponde a processos intralogísticos da situação apresentada:

a. Pedido de compras de matérias-primas; transporte até a chegada do material à empresa.
b. Entrada da matéria-prima no almoxarifado; manufatura; e expedição.
c. Transporte rodoviário das embalagens de sabonetes aos clientes.
d. Descarga das matérias-primas por empilhadeiras.

Resposta correta: b. O processo intralogístico da situação ora analisada refere-se à entrada de matérias-primas no almoxarifado (fragrâncias, embalagens e todos os materiais necessários para a produção), a fim de que sejam encaminhadas à manufatura e, posteriormente, direcionadas para a expedição, onde passam por conferência.

Tomando como exemplo uma indústria, depois do recebimento das matérias-primas, estas são encaminhadas para a armazenagem e, posteriormente, para a manufatura. Depois de se obter o produto, este será encaminhado para a expedição. O grande desafio da intralogística é administrar as movimentações internas de materiais, evitando perdas e maiores custos para os processos logísticos.

Os processos intralogísticos têm de ser igualmente planejados, pois é preciso assegurar uma linearidade no fluxo de materiais. Na prática, porém, muitas organizações sofrem pelo desencontro e pelo excesso de movimentação de materiais.

Exemplificando

O operador logístico da empresa X, para dar início ao processo de manufatura, solicitou que determinada quantidade de matérias-primas fosse retirada dos estoques. Essa etapa gerou um atraso de quarenta minutos para a produção. Depois, foi necessário que o produto retornasse a outro setor da fábrica para o processo de dobra. Após isso, ele foi encaminhado para os processos de corte e solda, retornou para a manufatura e, posteriormente, foi enviado para a embalagem. Todas essas operações resultaram em um vaivém que, com planejamento, poderia ter sido revisto, evitando assim o excesso de movimentação de materiais e perdas para o processo produtivo.

Muitas vezes, os processos intralogísticos nas empresas vão se acumulando e se entrelaçando às áreas de conhecimento, fazendo com que os períodos de movimentação e de produção sejam demorados, o que gera ainda mais espera por parte do cliente. Portanto, cabe ao operador de processos intralogísticos estudar maneiras de agilizar a produção, diminuindo o tempo de espera entre os terminais de operação e de processamento.

Para otimizar o tempo de movimentação de materiais, podem ser utilizados:

- esteiras térreas;
- esteiras mecânicas;
- esteiras suspensas;
- empilhadeiras;
- paleteiras;
- carrinhos manuais; e
- carrinhos elétricos.

Preste atenção!

Como a empilhadeira é um equipamento que ocupa muito espaço, por vezes, tem de ser excluída dos processos intralogísticos. Cabe ao operador logístico observar criteriosamente a necessidade de uso.

Vale lembrar que parte das empresas começa pequena e torna-se grande com o passar do tempo, pois vai ganhando mercado, necessitando, assim, de estruturas maiores e mais inteligentes de produção e armazenagem. Quanto mais as operações de movimentação estiverem automatizadas, mais simplificados são os processos e maiores são os ganhos de produtividade. Com o uso de drones (Figura 3.11), por exemplo, é possível programar entregas de materiais de forma a manter abastecidos os Kanban (cartões de sinalização) das manufaturas, que indicam um fluxo de operação em série, e evitar que o operador perca tempo com essa função e, com isso, possa voltar suas tarefas para outras operações do processo de produção.

Figura 3.11 – Utilização de drone no processo produtivo

MimiStocker/Shutterstock

Outras vantagens dos drones é que eles se movimentam com velocidades inferiores à de uma empilhadeira e proporcionam maior segurança do ponto de vista da saúde do trabalho em razão de seus sensores de movimento, além de reduzir os custos com mão de obra.

Para que as empresas se tornem mais competitivas, faz-se necessário o investimento em tecnologia dos processos intralogísticos, evitando operações perigosas e desnecessárias que venham a gerar desperdícios, como o contato manual com peças de grande porte. Muitas vezes, esses processos requerem mais planejamento do que recursos financeiros, por isso são necessários estudos em projetos pelos profissionais de logística.

3.4 Recebimento de produtos

Caro leitor, você lembra da última vez que fez compras no supermercado? Deu um trabalho imenso tirar tudo da sacola, separar e organizar nos armários, não é mesmo? Ainda mais se as compras são mensais e envolvem produtos de várias categorias, como materiais de higiene e limpeza, enlatados, artigos a granel e alimentos refrigerados, que precisam ser congelados.

Agora, imagine o processo logístico de recebimento de materiais em uma empresa. O trabalho é grande e precisa de pessoas habilitadas para bem executá-lo.

Na Figura 3.12, podemos observar como o processo de recebimento de materiais nas empresas deve ser criterioso.

Figura 3.12 – Recebimento de materiais

Azrulaziz90/Shutterstock

O recebimento de materiais nas empresas é uma atividade de extrema importância, pois, nesse momento, são realizadas as conferências de volumes e de quantidades, bem como de especificações técnicas voltadas aos padrões de qualidade acordados na compra.

> As compras devem ser formalizadas e, em consequência, devidamente documentadas, isentando de qualquer suspeita os fornecimentos de materiais à empresa. Assim, a decisão de uma compra requer a análise de vários fatores: o preço, a condição de

pagamento e o prazo de entrega necessitam ser obtidos fora da empresa e, sempre que, necessário, o setor de compras efetua levantamento formal desses pormenores. (Viana, 2002, p. 56)

Em muitas empresas, há um profissional especializado em recebimento que realiza a conferência e a análise técnica quanto à cor, ao volume e à densidade dos materiais. Grande parte dos fornecedores de materiais químicos, por exemplo, encaminha, junto com a quantidade total do material adquirido, uma amostra, para as análises físico-químicas, pois a ação do sol, da umidade e das baixas temperaturas podem provocar alterações em inúmeras matérias-primas.

Outras empresas, por sua vez, optam por deixar os materiais recebidos em uma espécie de "quarentena", ou seja, os produtos não são liberados até que a equipe técnica tenha um parecer favorável quanto a sua qualidade para posterior processamento industrial. O ideal é que que a empresa controle esse tipo de processo por meio de sistemas de informação, evitando que matérias-primas não testadas sejam solicitadas para a produção.

Uma vez conferidos e aprovados, muito materiais precisam de auxílio motor para a movimentação interna no armazém. Veículos como as empilhadeiras, por exemplo, são comercializados em vários modelos para adequarem-se às necessidades de carga e descarga das empresas nas posições frontal e lateral, levantando e abaixando os materiais.

As paleteiras são usadas para movimentar materiais de forma rápida e com segurança, desde que eles estejam sobre paletes. As pontes rolantes são recursos destinados a movimentar e levantar cargas pesadas, ao passo que os elevadores industriais são equipamentos de transporte vertical desse tipo de carga. As esteiras são dispositivos de movimentação com tração para o deslize de materiais.

A Figura 3.13 mostra a movimentação de materiais por uma empilhadeira: os garfos do equipamento fixam-se aos vãos do palete e podem movimentar, levantar e abaixar os materiais, conforme necessidade da empresa.

Figura 3.13 – Empilhadeira

Os funcionários responsáveis pelo recebimento de materiais devem conferir se eles estão em bom estado de conservação, observando detalhes como lacres, travas, dispositivos de proteção e conservação das embalagens. Se tudo estiver de acordo, bem como os documentos que acompanham as mercadorias, como a nota fiscal, o boleto bancário e a ordem de serviço, o produto pode ser liberado para as operações de estocagem.

As operações de recebimento de materiais devem ser feitas com muito cuidado, para que não haja problemas de falta de estoque ou de incompatibilidade dos padrões de qualidade. Lembrando que os estoques são os reguladores que representam a produção e a venda da empresa, ou seja, é todo o abastecimento de materiais que a empresa possui e pode ser transformado em bens.

Um sistema logístico tem atuação direta na cadeia de canal de recebimento e distribuição de uma empresa. Seu objetivo é controlar e organizar os fluxos de entrada (*input*) e saída (*output*) nas áreas de distribuição dos suprimentos para a produção.

A velocidade com que a empresa recebe os produtos é um fator determinante para a produção, porém, há de se ter cuidado também com o excesso de compras, pois o nível de estoque tende a aumentar se não houver planejamento. Caso isso ocorra de maneira inversa, o nível diminui, acarretando falhas na produção e na entrega do produto ou do serviço ao cliente. No entanto, quando as duas atividades conservam uma velocidade regular, o nível se mantém constante

Quanto mais informatizados forem os sistemas de estoques e de recebimento de produtos, maior será a eficiência dos armazéns e da produção, evitando, inclusive, furtos.

Outro método para a classificação de materiais que precisam ser adquiridos para o estoque, considerando-se o critério do impacto que sua falta pode causar na produção, é o de **criticidade XYZ**.

Segundo Juran (1995, p. 56), nesse método, os itens classificam-se em:

- **Classe X** – São itens que, se faltantes, não acarretam prejuízo ao funcionamento de uma empresa, pois podem ser substituídos com facilidade.
- **Classe Y** – Representa um nível de criticidade médio, por se tratar de itens que podem ser substituídos somente por outros da mesma equivalência.
- **Classe Z** – São os itens mais críticos. Sua falta pode provocar transtornos e até a paralisação de atividades básicas e essenciais visto que não são substituíveis por similares.

A acuracidade de estoques também pode ser efetuada por meio da divisão do número de itens com registros corretos pelo número de itens total. Para Martins e Alt (2000, p. 424), a acurácia de estoques é a "relação entre os itens que não apresentam incorreções e o número total de itens contados após a realização de um inventário".

A utilização, pelo gestor logístico, de métodos como o X, Y, Z, o de acuracidade de estoques e mesmo o Fifo otimizam os sistemas de estoque fazendo com que não haja excesso de compras, falta de materiais e, principalmente, perdas. Dessa forma, o processo de recebimento de materiais será muito mais rápido e eficiente, pois a indústria receberá somente os materiais necessários ao processo produtivo, evitando, assim, que outros operadores sejam deslocados para o processo de recebimento e que haja filas de espera nos pontos de descarregamento.

Síntese

- O gerenciamento dos espaços físicos é uma atividade de suma importância pois determina a capacidade de armazenagem, a qual está diretamente ligada à quantidade de produção.
- Os porta-paletes são estruturas que otimizam a movimentação de materiais diversos no armazém, independentemente da ordem de entrada, ou seja, sempre que necessário, a empresa pode "puxar" os materiais. Contudo, há uma normatização que deve ser seguida para garantir a saúde e a segurança do trabalho.
- O planejamento das operações intralogísticas é fundamental para o ganho de produtividade no uso inteligente das movimentações internas do armazém.
- O recebimento de produtos também é uma função muito importante e de responsabilidade das empresas. Métodos como o Fifo, o X,Y,Z e o de acuracidade de estoques evitam que materiais sejam comprados em excesso ou mesmo que faltem matérias-primas para a produção, agilizando ainda mais o recebimento de produtos nas empresas.

Controle de qualidade de entrada

Conteúdos do capítulo:

- Entrada de materiais com qualidade.
- Estruturas de movimentação.
- Gestão de estoque qualitativa.
- Separação de materiais (*picking*).

Após o estudo deste capítulo você será capaz de:

1. identificar procedimentos necessários para a entrada de materiais com qualidade;
2. estruturar procedimentos de qualidade para o recebimento e a entrada de materiais;
3. reconhecer as principais estruturas de movimentação para o abastecimento interno das empresas;
4. desenvolver gestão de estoques qualitativa;
5. proceder com a separação de materiais conhecida nas indústrias como *picking*;
6. apontar os principais tipos de embalagem para a montagem de pedidos e de entrega aos clientes.

Caro leitor, creio que todos concordamos que a garantia da qualidade quando recebemos produtos e serviços é muito importante. Por exemplo, quando compramos um rádio, um computador ou um fone de ouvido, o que esperamos? Que esses equipamentos funcionem – e, principalmente, que funcionem por um longo período.

capítulo 4

Existem vários mecanismos legais de controle e inspeção da qualidade que atuam nas indústrias, fazendo com que um certificado de garantia chegue junto com os produtos às mãos do cliente, assim como a nota fiscal ou o recibo de pagamento. Esses instrumentos proporcionam maiores garantia e segurança aos consumidores, caso haja a necessidade de troca do material, por exemplo.

> *O termo* qualidade *vem do latim* qualitate, *conceito desenvolvido por diversos estudiosos e que tem origem na relação das organizações com o mercado. As considerações que com maior recorrência se fazem a respeito desse conceito são aquelas que se refletem ao entendimento das necessidades dos clientes e do padrão de produção e serviços providos pela organização.*
> *(Seleme; Stadler, 2012, p. 11)*

A qualidade pode ser entendida como um processo de mudança, isto é, muitas empresas que desejam trabalhar com a máxima eficiência desenvolvem mecanismos de controles interno e externo, bem como procedem com melhorias estruturais, treinamentos de pessoal, troca de materiais e de matérias-primas, ou seja, com todas as alterações necessárias para garantir a qualidade, evitando reclamações ou até mesmo impasses de caráter judicial.

Exemplificando

Quando um produto, na garantia, apresenta vício de qualidade (defeito), o Código de Defesa do Consumidor – Lei n. 8.078, de 11 de setembro de 1990 (Brasil, 1990) – estabelece, em seu art. 18, parágrafo 1°, que o fornecedor tem um prazo de até 30 dias para sanar o problema. Caso isto não ocorra, o consumidor pode exigir, a sua escolha, uma das seguintes opções: a substituição do produto por outro da mesma espécie ou similar, a restituição da garantia paga ou o abatimento proporcional ao dinheiro pago (Brasil, 1990). O consumidor poderá optar, de imediato, por uma das alternativas mencionadas, sempre que a qualidade do produto ou serviço estiver comprometida.

O cliente sempre espera receber produtos ou serviços de acordo com as especificações e os parâmetros prometidos. Toda a vez que isso não acontece, estão passíveis reclamações legais de diversos níveis em órgãos como o Departamento Estadual de Proteção e Defesa do Consumidor (Procon) ou o juizado de pequenas causas, que vão desde um e-mail para sanar dúvida até uma carta reclamatória formal. Logo, promessas não bastam, nem tampouco superdimensionar o que realmente pode ser fornecido ao cliente, pois tudo o que é prometido deve ser cumprido.

Assim, o planejamento visa colocar em prática, efetivamente, a qualidade de produtos e serviços. E tudo começa no controle de qualidade das matérias-primas utilizadas para a produção, quando de sua entrada no armazém. Para tanto, faz-se necessário que os funcionários sejam capacitados tecnicamente para proceder com conferências, inspeções, análises químicas de amostras e demais atividades necessárias para que a garantia dos materiais comprados seja atestada e comprovada.

> Especialmente nas duas últimas décadas do século XX a qualidade passou efetivamente a ser percebida como uma disciplina de cunho estratégico, além do

seu viés tradicionalmente técnico. Os princípios da gestão pela qualidade total (GQT), disseminados a partir de 1950, foram enfim assimilados pela maioria das organizações. A qualidade passou a ser discutida na agenda estratégica do negócio, e o mercado passou a valorizar quem a possuía e a punir as organizações hesitantes ou focadas apenas nos processos clássicos de controle da qualidade. (Marshall Junior et al., 2006, p. 29)

É sempre importante lembrar que, na grande maioria das vezes, a presença da qualidade não é tão perceptível, mas a sua ausência sim, gerando reclamações, discussões, parada de processos para a troca de produtos e, em situações mais graves, a perda do cliente.

Cabe mencionar alguns requisitos voltados à qualidade:

- Tanto o cliente interno quanto o externo precisam ser ouvidos. Existem várias situações irregulares que os colaboradores internos à organização identificam, mas não são resolvidas por falta de oportunidades de se relatar o problema. Muitas empresas não tratam as reclamações dos clientes externos com procedimentos claros e precisos e, com isso, as oportunidades de melhoria acabam se perdendo.
- Tanto o cliente interno quanto o externo precisam ser tratados com honestidade. Os procedimentos para o tratamento de não conformidades de produtos e serviços são alternativas eficazes, assim como estipular um tempo de retorno de respostas aos clientes.
- É preciso dar ao cliente externo a oportunidade de ele dizer o que quer. Deve-se lembrar sempre que uma empresa não existe sem clientela.

Para saber mais

VALE, C. **Experiência do cliente interno**. 24 set. 2018. Disponível em: <https://www.youtube.com/watch?v=ydys2WZ_wX8>. Acesso em: 12 jan. 2021.

Nesse vídeo, Claudia Vale explica que todas as pessoas que pertencem à organização são tratadas como clientes internos, e as que não pertencem à organização, como clientes externos.

Todo produto ou serviço apresenta valor agregado, que são as melhorias colocadas em prática e traduzidas como qualidade. Vale destacar que grande parte das necessidades dos clientes são implícitas, ou seja, eles não dizem exatamente o que querem, mas esperam receber algo de qualidade.

Também é preciso lembrar que todo o empresário quer garantir a sobrevivência saudável da sua empresa, do ponto de vista de qualidade e financeiro, estando em busca de profissionais que o auxiliem nesse processo.

4.1 Procedimento de controle de qualidade de entrada

Conforme sabemos, o mercado moderno requer estoques cada vez mais desenvolvidos, automatizados e com sistemas de comunicação preferencialmente informatizados, de forma a atender às demandas dos clientes e diminuir o tempo entre a realização do pedido e a entrega do produto.

As operações logísticas podem ser automatizadas sempre que for necessário à empresa executar implementações, a fim de gerar o aumento da eficiência operacional nos diversos setores, entre eles o de armazenagem, aumentando a velocidade das operações internas e, por consequência, o tempo de resposta ao cliente.

A Figura 4.1 mostra um processo de armazenagem automatizado e informatizado.

Figura 4.1 – Armazém

A automação consiste no uso de tecnologias que administram, de forma sistematizada, as atividades de produção e os serviços por meio de sistemas programados e controlados por um setor de inteligência da empresa.

Melhorar processos é uma ação básica para as organizações responderem às mudanças que ocorrem constantemente em seu ambiente de atuação e para manter o sistema produtivo competitivo. Pode-se dizer que esse movimento mais recente de gestão de processos está fortemente associado à adoção da tecnologia da informação. (Paim et al., 2009, p. 26)

Procedimentos eficazes no controle de produtos, principalmente no momento de sua entrada com qualidade, são fundamentais para o sucesso de todas as demais etapas da operacionalização da produção.

Investimentos em infraestrutura de tecnologia da informação (TI) exigem treinamento de mão de obra, pois as ferramentas entregam dados que precisam ser lidos por pessoas especializadas que gerenciem e convertam essa informação em conhecimento para toda a cadeia logística, sobretudo a armazenagem e o recebimento de suprimentos.

Para saber mais

ARAÚJO JÚNIOR, A. P. de; CHAGAS, C. V. das; FERNANDES, R. G. Uma rápida análise sobre automação industrial. **Redes para Automação Industrial**, Natal, n. 1, 2003. Disponível em: <http://professor.pucgoias.edu.br/SiteDocente/admin/arquivosUpload/17829/material/ARTIGO05.pdf>. Acesso em: 12 jan. 2021.
O artigo traz informações importantes sobre a automação industrial.

Lembrando que a função dos estoques é suprir as necessidades de venda, manutenção e produção, com segurança e qualidade, atendendo às diversas demandas, ainda que haja resistência dos gestores e dos demais colaboradores em querer continuar sempre com as mesmas operações, mesmo que não sejam tão qualitativas.

As alterações em produtividade encontram algumas vezes forte resistência por parte dos gerentes e dos empregados do armazém. O gerente pode sentir que os padrões, os sistemas de aferição e as exigências de informação prejudicam suas prerrogativas e sua iniciativa. O caminho óbvio para contornar esse problema é envolvê-lo no processo de mudança. (Dias, 2012, p. 71)

Uma ferramenta de qualidade que pode ser aplicada nos ambientes de recebimento de materiais é o **ciclo PDCA** *(Plan, Do, Check, Act)*. Ele proporciona maior planejamento, bem como a oportunidade de implementação de procedimentos para os recebimentos de materiais dentro dos padrões da qualidade.

> *o ciclo PDCA é um método gerencial para a promoção da melhoria contínua e reflete, em suas quatro fases, a base da filosofia do melhoramento contínuo. Praticando-as de forma cíclica e ininterrupta, acaba-se por promover a melhoria contínua e sistemática na organização, consolidando a padronização de práticas. (Marshall Junior et al, 2006, p. 88)*

O ciclo PDCA é uma ferramenta de melhoria contínua baseada no *Kaizen*, filosofia de origem japonesa de melhoria pessoal e profissional, em que *Kai* significa "mudança" e *Zen*, "para melhor". O ciclo PDCA deve ser implementado no sentido horário, conforme mostra a Figura 4.2.

Figura 4.2 – Ciclo PDCA

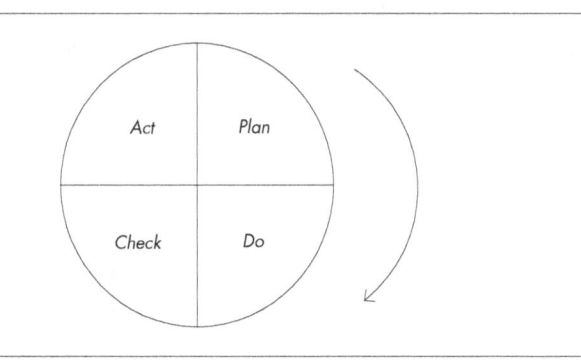

Fonte: Elaborado com base em Marshall Junior et al., 2006.

O **Plan** do ciclo envolve o planejamento das ações, tudo o que será realizado para a definição de uma sequência de operação, como, por exemplo, a forma como os materiais devem ser recebidos, que critérios devem ser adotados para medir a qualidade do recebimento e das rejeições, bem como das devoluções necessárias de materiais.

A etapa **Do** envolve o estabelecimento de padrões para a realização das tarefas – no caso de recebimento dos materiais, os operadores devem proceder com o *check list*, colar etiquetas de conferência, organizar e distribuir os materiais e separar embalagens.

O **Check** refere-se à verificação da execução da tarefa de recebimento, ou seja, se o que foi realizado está dentro do previsto nos procedimentos de recebimento planejados.

Por fim, o **Act** diz respeito à ação corretiva, refazendo, corrigindo, excluindo ou até mesmo devolvendo todas as irregularidades identificadas no recebimento dos materiais.

Exercício resolvido

Uma empresa de grande porte localizada no município de Colombo, no Paraná, receberá nos próximos dias matéria-prima de alto valor agregado para seu processo produtivo de azeites e óleos vegetais comestíveis. A carga é importada e chega ao Brasil pelo Porto de Paranaguá. O seu deslocamento terrestre até o ponto de armazenagem da empresa será realizado com a ajuda de escolta, por batedores, para garantir a segurança da entrega, além de haver a necessidade de transporte refrigerado e de movimentação rápida e precisa nos pontos de estoque do armazém, pois trata-se de material perecível.

Assinale a alternativa correta quanto aos procedimentos logísticos que devem ser adotados para o sucesso dessa operação:

a. As operações devem começar pela etapa de planejamento, podendo ser aplicado o ciclo PDCA, pois as operações logísticas para a chegada dessa carga são onerosas à empresa.
b. O gestor logístico deve se preocupar com o fretamento do caminhão refrigerado, o que garantirá a qualidade de carga.
c. O gestor logístico deve aguardar o desembaraço da carga no porto para então proceder com as demais etapas de planejamento.
d. O controle é a etapa de maior importância nesse exemplo de movimentação de matéria-prima perecível.

Resposta correta: a. Qualquer tipo de operação logística deve começar pela etapa de planejamento, mesmo que a matéria-prima seja importada e que haja um tempo de espera para os procedimentos burocráticos e administrativos. O ciclo PDCA é uma boa sugestão de planejamento e controle das ações que serão tomadas em um processo de alto valor agregado.

A **folha de verificação** é uma ferramenta de qualidade bastante simples e eficaz, que pode ser implementada no processo de recebimento de materiais para mensurar os erros e as falhas que venham a ocorrer nos processos e, principalmente, os que se tornam recorrentes. Trata-se de uma ferramenta manual ou digital de coleta de dados, em tempo real, pelos colaboradores de uma empresa.

A folha de verificação é uma ferramenta de fácil compreensão, usada para responder a diversos problemas levantados pela empresa, tendo como foco principal a pergunta: Com que frequência certos eventos acontecem? Tendo obtido a resposta, a empresa pode tomar ações mais acertadas, aumentando a qualidade das operações e dos processos industriais. A folha de verificação pode ser analisada horizontal ou verticalmente, a orientação vertical evidencia o impacto do período em análise (Marshall Junior et al., 2006).

A construção da folha de verificação envolve etapas a serem seguidas para que os objetivos de sua implementação sejam alcançados, conforme o esquema representado na Figura 4.3.

Figura 4.3 – Etapas da folha de verificação

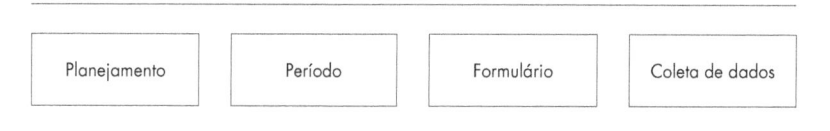

| Planejamento | Período | Formulário | Coleta de dados |

Lembrando que as funções de um administrador de armazém são avaliar os objetivos organizacionais que precisam ser melhorados e desenvolver estratégias necessárias para alcançá-los.

Esse profissional também é responsável pela implantação de tudo que planejou, portanto, ele deve dispor de praticidade para definir os programas e os métodos de trabalho, avaliando os resultados e corrigindo os setores que apresentam problemas, de forma a garantir alta qualidade dos serviços prestados ao cliente. Uma tomada de decisão mais acertada necessita da implementação de ferramentas de melhoria, bem como do apoio operacional de toda a equipe de trabalho.

A etapa de planejamento consiste em estabelecer exatamente o que se pretende averiguar, por exemplo, falhas no recebimento de materiais, como data de validade vencida, falta de amostra, falta de documentos administrativos e legais e avarias nas embalagens. Também deve-se definir o período em que serão coletados os dados para amostra, por exemplo, dias, semanas, mês ou bimestre, além da construção de um formulário simples e de fácil manuseio, certificando-se de que em todas as colunas da folha haja espaço para as anotações dos operadores de recebimento de materiais, além da certificação quanto à clareza nas informações descritas. A coleta de informações depende da sensibilidade dos colaboradores para a obtenção consciente e honesta dos dados em tempo real.

O Quadro 4.1 apresenta um caso com 24 ocorrências inadequadas, resultantes dos problemas investigados.

Quadro 4.1 – Folha de verificação

Problema	Semana				
	1	2	3	4	Total
A - Prazo de validade vencido	II	II	I	I	6
B - Avarias na embalagem	I	I	I	I	4
C - Falta de documentação	IIIII	II	IIIII	II	14
Total	8	5	7	4	24

Fonte: Elaborado com base em Marshall Junior et al., 2006.

Após planejados e implementados os procedimentos de recebimento de materiais, estes devem seguir um fluxo claro e preciso, ou seja, cada colaborador que pertence ao armazém deve saber exatamente quais são os passos a serem obedecidos, garantindo que os materiais sejam estocados com qualidade.

A visualização dos processos realizados dentro da organização é fundamental para que os colaboradores tenham claro entendimento do que deve ser feito. Para tanto, é necessário elaborar um sistema de informação que possa representar esse processo de forma clara e simples, visando a padronizar o fluxo das atividades de trabalho para melhorar a comunicação entre os envolvidos e, com isso, aproveitar o máximo possível das atividades.

Segundo Cury (2000, p. 330), "existem vários tipos de gráficos, mas o gráfico de processamento, por excelência, para trabalhos de análise administrativa, é o fluxograma, um gráfico universal que representa o fluxo ou a sequência normal de qualquer trabalho, produto ou documento". O fluxograma utiliza símbolos padronizados (Quadro 4.2) que facilitam a identificação dos processos, das ações de recebimento e de saída de materiais dos armazéns. A falta de entendimento desses elementos ou a sua inexistência pode ocasionar o aumento do tempo de espera nos terminais de embarque e desembarque dos armazéns, bem como a não identificação de pessoas adequadas tecnicamente para proceder com a conferência dos materiais, dentro dos padrões de qualidade estabelecidos pela empresa.

Quadro 4.2 – Símbolos do fluxograma

Símbolo	Descrição
▭	Atividade
◇	Decisão
⌓	Documentos
→	Fluxo de dados e informações
○	Início e fim

Fonte: Elaborado com base em Marshall Junior et al., 2006.

Pessoas qualificadas são fundamentais para o sucesso de qualquer estratégia das organizações, sejam elas prestadoras de serviços, sejam de produtos acabados. É por meio de pessoas que as empresas conseguem atingir seus objetivos.

Para o treinamento e o desenvolvimento inicial de pessoas nos processos de recebimento de materiais nos armazéns, o *brainstorming* pode contribuir na união das equipes de trabalho a fim de que possam propor sugestões criativas e inovadoras para melhorias dos processos de qualidade.

> *O propósito do brainstorming é lançar e detalhar ideias com um certo enfoque, originais e em uma atmosfera sem inibições. Busca-se a diversidade de opiniões a partir de um processo de criatividade grupal. Adicionalmente, é uma ferramenta que contribui para o desenvolvimento de equipes. (Marshall Junior et al., 2006, p. 98)*

Vale ressaltar a importância da autonomia dos colaboradores no processo de *brainstorming*, uma vez que eles apresentam e discutem as falhas identificadas nos processos de recebimento de materiais.

A seguir, vamos estudar os aspectos relacionados à movimentação e ao abastecimento interno de materiais.

4.2 Movimentação e abastecimento internos

Muitas empresas enfrentam problemas na produção por falta de matérias-primas. Isso ocorre porque, muitas vezes, não são encontrados os insumos necessários para a compra no mercado. Em outras situações, a empresa tem os materiais em estoque, mas não os localiza e, consequentemente, não produz. Com isso, os resultados operacionais ficam abaixo do esperado.

Exemplificando

Quando o setor industrial de um país não vai bem, todos os setores da economia sentem os reflexos. Uma matéria publicada pela Agência IBGE Notícias, do Instituto Brasileiro de Geografia e Estatística (IBGE), aponta os resultados na indústria brasileira no ano de 2019 em relação ao ano de 2016:

> *Em relação a junho de 2019 (série sem ajuste sazonal), a indústria recuou 9,0%, oitavo resultado negativo seguido nessa comparação. Assim, os índices do setor industrial foram negativos tanto para o fechamento do segundo trimestre de 2020 (-19,4%), como para o acumulado do primeiro semestre do ano (-10,9%). Em 12 meses, a queda foi de 5,6%, recuo mais intenso desde dezembro de 2016 (-6,4%). (Estatísticas Econômicas, 2020)*

No Quadro 4.3, vemos os principais indicadores de produção industrial por categorias econômicas no Brasil nos últimos doze meses.

Quadro 4.3 – Indicadores de produção industrial

Brasil–junho de 2020				
Indicadores da Produção Industrial por Grandes Categorias Econômicas				
Grandes Categorias Econômicas	Variação (%)			
	Junho 2020/ Maio 2020*	Junho 2020/ Junho 2019	Acumulado Janeiro-Junho	Acumulado nos Últimos 12 Meses
Bens de Capital	13,1	–22,2	–21,2	–11,0
Bens Intermediários	4,9	–5,9	–6,6	–4,2
Bens de Consumo	15,9	–11,6	–16,2	–6,8
Duráveis	82,2	–35,1	–36,8	–16,9
Semiduráveis e não Duráveis	6,4	–5,6	–10,3	–4,0
Indústria Geral	8,9	–9,0	–10,9	–5,6

* Série com ajuste sazonal
Fonte: Estatísticas Econômicas, 2020, grifo do original.

Visando a aumentar a produtividade, a logística moderna trata os estudos que levam à excelência de processos de movimentação e abastecimento interno de materiais com conhecimentos de *Lean Manufacturing*, ou, simplesmente, *Lean*. O *Lean* é um estudo inteligente com base na filosofia Toyota de produção enxuta, que proporciona otimização nos processos de estoques e de compras de materiais necessários à produção, sem que haja falta ou excedente, agregando valor a tudo o que é necessário e eliminando os processos desnecessários, ociosos e onerosos à produção.

Esse sistema também é conhecido como *produção puxada*, ou seja, a indústria espera que a demanda efetivamente se concretize para o início da fabricação. No sistema puxado há a garantia de produção e de entrega por contrato firmado de compra e venda. O modelo contrário a essa filosofia de produção é o sistema empurrado, no qual a indústria fabrica inúmeros modelos de um mesmo produto, lança-os no mercado e espera que as vendas se materializem.

Os pilares do sistema *Lean*, baseados na filosofia Toyota de produção, correspondem ao nivelamento das ações, ao trabalho padronizado e à melhoria contínua. O *Lean* atua com o apoio de ferramentas, tais como o Kanban (de cartões de sinalização) e a gestão de materiais para o abastecimento de peças e matérias-primas, mediante o desenvolvimento de rotas e de trabalho padronizado, estipulando sequências lógicas aos operadores de produção. Esse sistema equivale a um supermercado no qual um operador sai com o carrinho fazendo compras, no caso de um ambiente de produção, e outro operador abastece as unidades produtivas com peças. Todas essas atividades devem ser realizadas sem que haja "paradas" nos postos de trabalho, proporcionando, assim, ganhos em tempo de produção.

A base de sustentação do sistema Toyota de produção é a absoluta eliminação de desperdício, para tanto, os dois pilares de sustentação são o *just in time* e a automação dos processos.

Just in time é uma expressão em inglês que significa "na hora certa". Pode ser interpretado como um sistema de administração da produção que determina que nada pode ser comprado, produzido ou transportado sem que haja planejamento de tempos e de quantidades. Esse sistema prevê um modelo com baixos níveis de estoque, preferencialmente zero, fazendo com que determinado produto chegue no momento acordado, sem excessos de compras de materiais que geram desperdício.

Os sete principais desperdícios que o sistema Toyota de produção visa eliminar são:

1. Superprodução.
2. Tempo de espera.
3. Transporte.
4. Processamento.
5. Estoque.
6. Movimentação.
7. Defeitos.

Para o sistema Toyota de produção, permitir que produtos defeituosos saiam da linha de produção para os estoques significa desperdiçar mão de obra, materiais e equipamentos de movimentação, entre outros recursos utilizados nas fábricas.

Exercício resolvido

Um funcionário de uma concessionária de automóveis acaba de realizar a venda de um veículo zero quilômetro. Apesar de compartilhar a felicidade do seu cliente em adquirir um bem de alto valor agregado e de comemorar sua comissão, o vendedor teve de informar que o veículo levaria até trinta dias para chegar à concessionária, para daí ser entregue efetivamente ao comprador. Decepcionado, o cliente perguntou o porquê da demora ao vendedor, o qual explicou que a montadora desse tipo de veículo trabalha com um modelo de produção que considera somente as vendas efetivamente realizadas.

Com base nessas informações, assinale a alternativa correta quanto ao sistema de produção adotado pela montadora de veículos citada no texto:

a. Sistema empurrado para a finalização da produção e entrega ao cliente.
b. Sistema puxado de produção baseado na filosofia Toyota e em um sistema *Lean* para a eliminação de desperdícios.
c. Há um erro de gestão de processos, então o ideal seria o cancelamento da venda.
d. Sistema Kanban na sinalização de compra e venda para iniciar a produção.
e. Sistema fordismo de produção em série.

Resposta correta: b. O sistema de produção citado no texto é o puxado, visto que a fábrica espera a efetivação da venda para finalizar a produção. Ele é baseado na filosofia Toyota de produção, em que um sistema *Lean* garante a eliminação de desperdícios, pois se muitos modelos de veículos com alto valor agregado não fossem vendidos, ocasionaria um acúmulo dos estoques e o consequente prejuízo à fábrica, além das demais possibilidades de perdas, como o desemprego e, em casos mais graves, o encerramento das atividades da empresa. Vale lembrar que uma empresa existe para obter lucro.

Por causa do processo de melhoria contínua, o *Lean* é tratado por muitas empresas não como uma ferramenta, mas como uma filosofia de vida industrial ou metodologia de trabalho cuja implantação tem por objetivo gerar o maior valor possível ao cliente, reduzindo recursos e, principalmente, desperdícios.

Um dos resultados do *Lean* é a otimização de recursos financeiros, ou seja, a capacidade de gerar economia. Entretanto, para que as empresas consigam implementar esse sistema e principalmente obter seus benefícios, elas têm de contar com o trabalho e as adaptações necessárias de seus colaboradores, os quais muitas vezes precisam passar por uma transformação cultural.

Para um melhor entendimento a respeito do que seja o Lean *Manufacturing*, vejamos o esquema representado na Figura 4.4.

Figura 4.4 – Elementos do *Lean*

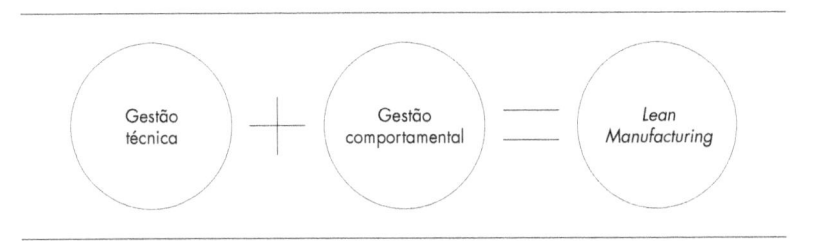

Gestão técnica + Gestão comportamental = Lean Manufacturing

A filosofia *Lean* segue alguns princípios baseados no fluxo de valor, no fluxo contínuo, na produção puxada e na perfeição, entre os quais estão:

- especificar o valor para o cliente, ou seja, pesquisar com o cliente o que é valoroso para ele e somente depois partir para a produção;
- alinhar da melhor forma as sequências de atividades nas fábricas, o que gera valor para a manufatura, ou seja, criar um fluxo lógico e estável para os processos, além de eliminar falhas com a implementação de fluxos realmente necessários para fabricar o que será consumido pelo mercado;
- realizar as atividades operacionais sem que haja interrupções, em um processo de melhoria contínua.

Para saber mais

ANICETO, G. S.; SIQUEIRA, C. M. de; NUNES, D. L. A importância do sistema Toyota de produção para o desenvolvimento de empresas de segmentos diversos. In: ENCONTRO LATINO AMERICANO DE INICIAÇÃO CIENTÍFICA, 20.; ENCONTRO LATINO AMERICANO DE PÓS-GRADUAÇÃO, 15.; ENCONTRO DE INICIAÇÃO À DOCÊNCIA, 6., 2016, Paraíba. **Anais**... Disponível em: <http://www.inicepg.univap.br/cd/INIC_2016/anais/arquivos/RE_0973_0800_01.pdf>. Acesso em: 12 jan. 2021.
Na área de gestão, a metodologia empregada pelo sistema Toyota de produção é amplamente difundida como um processo de melhoria contínua. Esse é o debate ensejado nesse artigo.

E então, o que você achou desse sistema inteligente de movimentação e abastecimento interno? O ideal é que um sistema produtivo não gere erros, tampouco desperdícios.

A seguir, veremos mais um pouco sobre a gestão de estoques.

4.3 Gestão de estoques

Caro leitor, você deve ter percebido desde o primeiro capítulo que a logística e, principalmente, a gestão de estoques estão presentes nas atividades do nosso dia a dia. Praticamente tudo o que usamos ou consumimos requer que seja efetuado algum tipo de estoque. Você já foi à despensa de sua casa procurar um pacote de pipoca para estourar e só então descobriu que esse produto está em falta? A falha na compra ocasionou uma falha de estoque.

Todo cidadão necessita de diversos produtos, principalmente os de consumo imediato e de bens tecnológicos, os quais podem ser adquiridos em ponto de venda fixo ou virtual. Porém, em uma organização, a função de comprar vai além de somente satisfazer a uma necessidade, pois significa procurar o melhor material e providenciar para que a entrega ocorra no prazo estipulado, com qualidade e, o mais importante, a um preço justo. Essa é uma das funções do gestor logístico responsável pela obtenção dos materiais no mercado fornecedor interno ou externo para suprir os estoques nos diversos pontos de venda, atendendo aos objetivos dos clientes. Chiavenato (1999, p. 256) lembra que as organizações também são orientadas por objetivos que visam alcançar determinado resultado. "Objetivo organizacional é um estado desejado que a organização pretende atingir e que orienta seu comportamento em relação ao futuro".

Relembremos uma ação cotidiana e aparentemente simples: quando você vai fazer compras em um supermercado, você pega um carrinho, anda por diversos corredores e coleta os produtos de seu interesse. Após efetuar o pagamento, você os condiciona em um veículo transportador (carro, bicicleta ou automóvel de aplicativos) e finalmente os armazena em sua residência. Quando você armazena os produtos na prateleira de sua casa, está desenvolvendo uma gestão de estoques. Na maioria das vezes, essa atividade requer esforço e organização.

A Figura 4.5 representa um armário de cozinha com compras.

Figura 4.5 – Gestão de estoques em um armário de cozinha

Nas indústrias, a forma como os estoques são gerenciados impactam diretamente os custos e o preço final de venda do produto. Com isso, a gestão de estoques pode se tornar uma vantagem competitiva para as empresas que melhor consigam se organizar. Para o sucesso da gestão de estoques, o profissional de logística deve gerenciar o tamanho dos pedidos e sua frequência para que haja espaço nos compartimentos de estoque. A supervisão e o controle dos pedidos de materiais que uma empresa compra e vende são de suma importância para o redirecionamento dos espaços. A fim de otimizar os locais, as empresas trabalham constantemente com a gestão de estoque de produtos acabados, guardando materiais que estejam finalizados. A respeito da importância de se realizar compras acertadamente, Dias (2012, p. 228) aponta:

> *A função compra é um segmento essencial do departamento de matéria ou suprimentos, que tem por finalidade suprir as necessidades de matérias ou serviços, planejá-las quantitativamente e satisfazê-las no momento certo com a quantidade correta, verificar se recebeu efetivamente o que foi comprado e providenciar armazenamento. Compras, é, portanto, uma operação da área de matérias muito essencial entre as que compõem processo de suprimento.*

Outro cuidado importante da gestão de estoques refere-se ao período em que eles estiverem em trânsito, ou seja, quando os produtos forem transportados por algum tipo de modal (caminhão, carro, van e avião, entre outros), pois, nesse momento, podem ocorrer avarias, necessitando que produtos sejam substituídos e comprometendo a gestão de estoques.

Cada vez mais os clientes esperam que os prazos e a entrega dos produtos sejam cumpridos. Cabe às empresas proceder com um gerenciamento de estoques eficiente. Com isso, a gestão de estoques é uma ferramenta essencial para garantir lucro às companhias e um bom atendimento ao cliente.

Os estoques podem estar presentes em todo o canal logístico dos diversos ramos de empresa, pois armazenam produtos acabados, em acabamento, matérias-primas, embalagens, entre outros. Ou seja, tudo aquilo que a empresa precisa guardar. Por mais estranho que pareça, muitas companhias não têm a noção de quando foram efetuadas compras de materiais ou se há ou não matérias-primas em estoque, tampouco suas quantidades, o que gera prejuízos.

Considerando-se que um dos objetivos dos estoques é maximizar os lucros e os investimentos operacionais e estruturais das empresas, seguem algumas informações relevantes para o planejamento de estoques, baseadas na ferramenta da qualidade para padronização e mapeamento de processos **5W2H** – *What* (O que); *Why* (Por que); *Who* (Quem); *When* (Quando); *Where* (Onde); *How* (Como); *How much* (Quanto):

- O que realmente é necessário comprar?
- Por que comprar? Há materiais em falta ou um pedido especial do cliente?
- Quando comprar? O tempo é um fator determinante para que não faltem matérias-primas nos estoques.
- Quanto comprar? As quantidades são fundamentais para não faltar materiais ou gerar excedentes.
- Como armazenar? O produto é delicado? A matéria-prima é perecível?
- Como movimentar os estoques? Além dos colaboradores, que tipo de materiais e equipamentos serão necessários?
- Como controlar os estoques? Quais ferramentas de gestão serão aplicadas? Há previsão de demanda

São inúmeras as vantagens da gestão eficaz de estoque para as empresas, entre as quais podemos citar:

- Uso adequado dos recursos financeiros da empresa.
- Cumprimento do prazo na entrega de materiais.
- Desenvolvimento do suprimento para as necessidades de vendas de acordo com as demandas.
- Adequação às cotas de fornecimento dos clientes.
- Liberação de espaços para que sejam mais produtivos.
- Identificação dos produtos que estão sem giro, ou seja, parados.
- Comparação da gestão da influência dos estoques nos resultados financeiros da empresa.
- Desenvolvimento de estratégias para o melhor aproveitamento do capital financeiro para os estoques e atendimento aos clientes.

Os principais tipos de estoques são:

- **Estoque de matéria-prima** – Também conhecido como *estoque de manutenção* ou *proteção*. Esse estoque é utilizado nos processos de manufatura para que não faltem materiais nas etapas de confecção dos produtos.

- **Estoque de produtos em processo ou trabalhos em processo** – É composto de materiais necessários para a transformação da matéria-prima em produto acabado, enquanto o processo produtivo ocorre.
- **Estoque de produtos acabados** (prontos para serem entregues ao consumidor) – É um dos estoques mais simples e utilizados pelas organizações, por exemplo: estoque de calçados, roupas, bebidas, medicamentos e papelaria.
- **Estoque de produtos em canal de distribuição** – São os meios utilizados para que o produto chegue ao cliente, por exemplo, serviços aéreos ou de motoboy. Ou seja, os produtos que já foram despachados de uma fábrica para outra, porém ainda não chegaram ao destino final.
- **Estoque de peças em manutenção** – São materiais necessários para a substituição parcial ou total de equipamentos, utilizado por empresas que atuam com a manutenção de aparelhos eletrônicos ou eletrodomésticos, por exemplo.

Para que todos esses estoques funcionem com a máxima eficiência é preciso que seja realizada uma previsão, ou seja, um planejamento. As previsões de estoque devem ser feitas com cuidado pelos gestores logísticos, pois erros podem ocasionar perdas financeiras e produtivas à empresa. Na ocasião de datas festivas, tais como Natal, Ano Novo, Carnaval, Páscoa, Dia das Mães, Dia dos Pais, Dia das Crianças, por exemplo, as indústrias costumam efetuar a previsão de demanda antes de realizar a produção. Ou seja, baseiam-se na experiência de anos anteriores, ao mesmo tempo que auditam seus estoques para que não haja excedentes.

A projeção de demanda prepara a produção futura com base em experiências passadas. Ou seja, nesse modelo, a empresa parte da experiência do que foi realizado na data festiva passada – por exemplo as vendas de Natal –, e as repete para a produção no ano vigente. Esse método é um dos mais utilizados pelas organizações, até porque a maioria delas desconhece outros.

No modelo de estoques por explicação, a empresa trabalha com cálculos matemáticos fazendo a média de produção e de vendas dos meses ou dos anos anteriores para a previsão de demanda. Pode-se utilizar também outros modelos matemáticos.

O modelo de predileção baseia-se na experiência de especialistas, pessoas que trabalham na área de estoques realizando cálculos. A predileção é utilizada quando não há dados históricos para a pesquisa. É um modelo com alto índice de exatidão, porém pouco empregado pelas empresas, por provável falta de conhecimento.

Exercício resolvido

Uma indústria do ramo alimentício produz panetones. Aproximam-se as festividades natalinas e, em razão da crise econômica pela qual o país passou, com altos índices de inflação e desemprego, a empresa decidiu desenvolver uma estratégia de previsão de demanda, sendo ela a média matemática de consumo de panetones nos últimos três anos. Com base nesses números, a empresa projetou uma quantidade reduzida de sua produção, de forma a evitar prejuízos com excedentes de estoques de produtos acabados.

Assinale a alternativa correta quanto ao tipo de projeção de demanda utilizada por essa empresa para os estoques:

a. Modelo de predileção de demanda.
b. Modelo empurrado de produção.
c. Modelo puxado de produção.
d. Modelo de estoques por explicação.
e. Modelo de projeção por demanda futura.

Resposta correta: d. Na situação apresentada, foi utilizado o modelo de estoques por explicação, uma vez que foram consideradas as experiências dos anos anteriores, com média realizada por cálculos matemáticos, não sendo feita apenas uma previsão aleatória.

A gestão de estoques é uma ferramenta muito importante para o sucesso das empresas, e a locação de espaços de armazém é extremamente cara, justificando estudos pontuais nessa área. A seguir, analisaremos a separação de pedidos (*picking*).

4.4 Separação de pedidos (*picking*)

Caro leitor, certamente você já ouviu falar nas atividades que envolvem a separação de pedidos de materiais, mas você já se deparou com o termo *picking*?

O **picking** (separação e preparação de pedidos de materiais para os armazéns) é uma estratégia de separação de pedidos, conhecido também por muitas empresas como *montagem de carga* ou *apanha*. Carrinhos e caixas podem ajudar os processos de *picking*, separando os materiais de forma clara e atendendo corretamente aos pedidos de materiais, porém, quanto maior for o investimento em tecnologia, mais eficiente será a atividade de *picking*. Cabe ao gestor logístico estudar as rotas internas da armazenagem da empresa para propor melhorias de qualidade no processo, principalmente em relação ao tempo de deslocamento do operador na separação dos materiais.

O *picking* divide-se em quatro grandes grupos de conhecimento: (1) discreto, (2) lote, (3) zona, e (4) zona e lote.

No **picking discreto**, o separador está tratando de um único pedido, sem rota, realizando todas as atividades de separação necessárias para o material, como conferência e expedição. Ou seja, o operador separa um pedido por vez. Essa modalidade é largamente utilizada nas empresas, mas é bastante onerosa, pois um único colaborador desloca-se no armazém até conseguir completar a operação.

> Picking *discreto: é aquele no qual cada operador separa um pedido por vez. Esta forma de organização é bastante utilizada pela sua simplicidade. Sua principal vantagem é que a integridade do pedido nunca é prejudicada reduzindo a propensão a erros por se manusear um pedido por vez. A sua grande desvantagem é a baixa produtividade, decorrente do tempo excessivo gasto com o deslocamento do operador para separar o pedido. (Silva et al., 2015)*

O *picking* **por lote** refere-se ao atendimento, por um único operador, de vários lotes de materiais administrados. Esse modelo é utilizado com frequência em locais onde há poucas linhas de produção. Há de se ter cuidado nesse tipo de processo, estabelecendo-se procedimentos para que o operador tenha a certeza de qual pedido ele está atendendo, evitando-se, assim, cometer erros.

> Picking *por lote:* neste método cada operador coleta um grupo de pedidos de maneira conjunta, ao invés de coletar apenas um pedido por vez. Assim, ao dirigir-se ao local de estocagem de um determinado produto, o operador coleta o número de itens que satisfaça o seu conjunto de pedidos. Este método possibilita uma alta produtividade, quando os pedidos possuem pouca variedade de itens (até quatro itens) e são pequenos em termos de volume. A principal vantagem do picking *por lotes é a redução do tempo de deslocamento por item individual. As desvantagens na utilização desse método concentram-se nos riscos de erros na separação e ordenação dos pedidos. (Silva et al., 2015)*

O *picking* **por zona** consiste em dividir o armazém em zonas ou áreas delimitadas. Nessa modalidade, o operador atende a um único pedido do cliente, em sua zona, rua ou área de atuação. O profissional é responsável por sua zona de trabalho, agregando valor a ela, pois há pouca atividade de deslocamento.

> Picking *por zona:* no picking *por zonas, um separador de pedidos dedica-se a separar os itens individuais em sua zona atribuída, um pedido de cada vez ou em lotes. Assim, cada operador coleta os itens do pedido que façam parte de sua seção, deixando-os em uma área de consolidação, onde os itens coletados em diferentes zonas são agrupados, compondo o pedido original. A principal vantagem do* picking *por zonas é a economia de tempo de deslocamento. Como a área de alcance de cada separador se reduziu do armazém inteiro para um espaço menor, o tempo de deslocamento por item individual deve-se reduzir em relação ao* picking. *Os benefícios adicionais da separação por zonas incluem a familiaridade do separador com os produtos de sua zona, menos interferência com outros separadores de pedidos e mais responsabilidade pela produtividade e manutenção dentro da zona. A desvantagem desse método concentra-se nos riscos de erros na separação e ordenação dos pedidos. (Silva et al., 2015)*

O *picking* **por zona e lote**, como o próprio nome sugere, une o *picking* por zona e o por lote. Um mesmo operador pode receber múltiplos pedidos para atender a uma área ou a áreas diferentes, proporcionando maior eficiência e oportunidade de ganho em produtividade.

Fatores como *layout* do armazém, tecnologias disponíveis e especificação do pedido de materiais em categorias e qualidade vão determinar o tipo de *picking* a ser utilizado. Ainda que o mercado globalizado tenha trazido ganhos de tecnologia para as empresas logísticas, no Brasil é muito comum que as operações de separação de pedidos sejam feitas manualmente. Vale ressaltar que, quanto menor for o tempo de desgaste do operador e mais otimizado seu trabalho, menor será a fadiga e maiores serão os ganhos em produtividade. E quanto mais manual for a operação, menor será o ritmo de trabalho e, consequentemente, a produtividade.

Quanto maior for o valor agregado de uma atividade, maiores deverão ser os investimentos tecnológicos na separação dos materiais, garantindo a acuracidade, pois o operador desempenhará sua função baseado em comandos informatizados, e não manualmente, diminuindo, assim, as chances de erros.

Exercício resolvido

Em um armazém de ferramentas, um operador é direcionado pelo coordenador da área gama aos endereços "xy10" e "zy8" para retirar os seguintes materiais, respectivamente: 10 parafusos de 5 mm e 2 roscas de 8 mm. Os endereços não têm códigos de barras.

Assinale a alternativa que corresponde corretamente ao tipo de *picking*:

a. *Picking* por lote, pois se refere ao atendimento de vários lotes por um único operador.
b. *Picking* discreto, pois o separador está tratando de um único pedido, sem rota, realizando todas as atividades de separação.

> c. *Picking* por zona, pois o operador atende a um único pedido do cliente, com especificações diferentes e em zonas diferentes.
> d. *Picking* por zona e lote, pois diz respeito ao atendimento de mais de dois operadores a múltiplos pedidos simultâneos.
>
> Resposta correta: c. Um operador atende a um único pedido do cliente, com especificações diferentes e em zonas diferentes.

O Quadro 4.4 apresenta, resumidamente, os principais tipos de *picking* e suas vantagens e desvantagens.

Quadro 4.4 – Tipos de *picking*

Picking	Vantagem	Desvantagem
Discreto	Menores erros	Baixa produtividade
Lote	Menor tempo de deslocamento	Riscos de erros na separação e na ordenação dos pedidos
Zona	Maior familiaridade do operador com sua zona de trabalho	Riscos de erros na separação e na ordenação dos pedidos

Elaborado com base em Silva et al., 2015.

Apesar do nome complexo, o *picking* nada mais é do que um método que pode ser utilizado pelas indústrias na organização e na divisão de setores e tarefas para que os materiais sejam separados com eficiência e qualidade e sejam entregues corretamente ao cliente.

Um dos objetivos da separação de materiais automatizada é a possibilidade de realizá-la de forma eficiente e com o mínimo de erros possível. Os sistemas *by voice* (sistemas de voz) direcionam verbalmente, por instrumentos androides, aparelhos e celular, os comandos que devem ser realizados pelo operador para a separação de materiais, como:

- Checagem do uso de equipamentos de proteção individual (EPIs).
- Marcação do horário de chegada dos materiais.
- Definição de metas diárias de separação.
- Indicação dos endereços dos materiais no armazém.

- Separação de embalagens.
- Definição de quantidades de cortes que devem ser realizados.
- Controle de saídas de materiais.

Nos sistemas *by voice*, o operador confirma ou cancela a realização de cada uma das operações ditadas pelo comando de voz, em um sistema de *checklist* automatizado. O importante é que todos os processos sejam cumpridos sem que haja esquecimento ou até mesmo negligência por parte do operador.

As operações de *picking to light*, com o auxílio de luzes de sinalização nos pontos coletores, ajudam os operadores a serem mais rápidos e precisos nas operações de armazenagem, aumentando a qualidade dos serviços prestados. Dessa forma, o operador gasta menos tempo procurando materiais. Em sistemas mais evoluídos de automatização do *picking to light*, o operador também pode acionar botões luminosos existentes em cada caixa coletora, informando à gestão quanto à baixa de materiais naquele compartimento, para que a reposição, por outros estoques ou compras, seja efetuada. Logo, o *picking to light* permite operações rápidas para a localização e a reposição de materiais nas prateleiras.

O importante nas operações automatizadas de materiais é que o cliente seja atendido com pontualidade, ainda que haja uma grande quantidade e diversidade de produtos a serem separados (*mix* de produtos).

O uso de estratégias para a separação automatizada de materiais é uma atividade de suma importância na logística, a fim de que os operadores tenham tempo de efetuar conferências e descartes de materiais, caso necessário, do ponto de vista da qualidade, evitando falhas e imperfeições na entrega final ao cliente.

A seguir, vamos estudar a importância da embalagem dos produtos e da montagem dos pedidos.

4.5 Embalagem dos produtos e montagem dos pedidos

O mercado é o primeiro a receber e a refletir as mudanças econômicas; assim, todo o processo de venda está sujeito a alterações financeiras que atingem o mercado. Nessa perspectiva, as necessidades de preparação de materiais e de montagem de pedidos podem aumentar ou diminuir, impactando a quantidade de embalagens utilizadas nas indústrias.

Além das funcionalidades já conhecidas da embalagem, ela também é utilizada para destacar o produto nos pontos de venda, servindo como uma ferramenta de *marketing*, comunicando-se com o consumidor. Por exemplo, em um lançamento de perfume, para chamar a atenção dos clientes para esse produto, as lojas destacam determinada embalagem em relação às outras embalagens de perfumes e demais cosméticos. Pensando nisso, os gestores logísticos desenvolvem estratégias para que não ocorra nenhum tipo de avaria na embalagem nas diversas etapas de produção industrial, principalmente no momento de montagem dos pedidos

A logística é um ramo da gestão no qual todas as atividades estão direcionadas a um determinado fim, desde o planejamento de compra de materiais, o processamento, a armazenagem e a montagem para a distribuição de produtos que serão encaminhados aos diversos setores comerciais. Assim, a logística se preocupa com tudo aquilo que está atrelado a uma complexidade operacional, como o histórico de demanda dos produtos ou serviços, a frequência dos pedidos, os custos envolvidos na operação, o tempo de entrega (*lead time*), o pedido mínimo, as rupturas de abastecimento, os prazos de entrega, os períodos promocionais e a frequência de sazonalidades, as políticas de estoque (evitando faltas ou excessos), o planejamento da produção, as políticas de fretes e a análise dos modelos de canais de distribuição, entre outros, até que o pedido do cliente seja atendido em sua totalidade.

Para saber mais

LECLAIR COSMÉTICOS. **Processo de acabamento e embalagem**. 6 nov. 2012. Disponível em: <https://www.youtube.com/watch?v=nRzDhhW0WYI>. Acesso em: 12 jan. 2021.

As embalagens são elementos de suma importância para o sucesso da armazenagem e, por isso, elas devem ser planejadas e implementadas de acordo com o processo produtivo de uma empresa.

Um dos objetivos da embalagem é proporcionar boas experiências aos consumidores. Quando um produto é vendido, ele precisa garantir segurança por meio da possibilidade de rastreamento para a entrega ao cliente. Você pode estar se perguntando: Como trabalhar de forma a garantir que os produtos não cheguem avariados? Cada produto possui dimensões específicas, então uma das estratégias dos gestores logísticos é não superdimensionar o tamanho da embalagem, evitando que sobrem espaços e o produto sofra intempéries mecânicas, capazes de causar rachaduras e frisos. Por isso, o tamanho da embalagem depende do tipo de produto a ser montado e posteriormente encaminhado ao cliente. Entre os elementos bastante utilizados na montagem de pedidos estão o dispensador de fita, as etiquetas e os enchimentos.

Portanto, as funções da embalagem são:

- Conter o produto, evitando que ele vaze ou caia.
- Proteger o produto, não permitindo que ele quebre, amasse ou sofra reações químicas, físicas ou biológicas.
- Identificar o produto, incluindo informações técnicas, de validade e forma de uso.

Independentemente da metodologia utilizada no processo de previsão de demanda, a separação de materiais e posterior embalagem para o transporte, bem como a entrega ao cliente, são fatores de extrema relevância para o sucesso de um negócio. A forma como se realiza a separação de pedidos nas organizações, na maioria das vezes, é aleatória; com isso, quanto maior forem as previsões de demanda, maiores serão as chances de acerto e qualidade de entrega. Mas vale considerar que, embora as previsões auxiliem no planejamento das atividades, elas também podem apresentar erros (Corrêa; Gianesi; Caon, 2001). Logo, o gestor logístico deve ter cautela na coleta dos dados para evitar, por exemplo, uma compra excessiva de embalagens, a fim de que não seja necessário recalcular as previsões financeiras.

Com a otimização dos estudos da logística, os profissionais vêm administrando áreas de conhecimento, como os estoques, de forma cada vez mais eficaz e com maximização dos lucros, vislumbrando novas possibilidades de comércio. Em atendimento às diversas demandas do mercado, as grandes empresas buscam ferramentas que favoreçam mecanismos de planejamento e controle de estoques, além do treinamento de pessoas. Essas ações têm apresentado melhorias no desempenho das atividades industriais no Brasil, gerando um diferencial competitivo entre as companhias no mercado globalizado.

A crescente abertura dos mercados nacional e internacional e o advento das tecnologias de ponta no ambiente industrial elevam a um maior grau os desafios para os profissionais de logística, os quais devem contar com novas habilidades, conhecimentos e inovações para garantir a permanência da empresa em que atua no mercado.

Síntese

- Os procedimentos de qualidade são importantes na etapa de entrada de materiais.
- Os procedimentos de movimentação interna de materiais, como o *Lean*, baseado no sistema Toyota de produção, auxiliam a eliminação de desperdícios.
- A gestão de estoques é dividida em modelos e aplicabilidades.
- As embalagens são essenciais para a montagem de produtos e a entrega aos clientes.

Atividades de expedição

Conteúdos do capítulo

- Uso de robôs nos armazéns.
- Processo de automatização.
- Automação e WMS.
- QR Code.
- Sistemas automáticos de armazenamento e recuperação.

Após o estudo deste capítulo, você será capaz de:

1. reconhecer as rotinas administrativas e técnicas que permeiam as atividades de expedição;
2. identificar as vantagens do uso de robôs nos processos de armazenagem;
3. distinguir os processos de automatização que podem ser utilizados na armazenagem;
4. aplicar processos de automação, como QR Code e o código de barras.

Caro leitor, os procedimentos de saída de materiais, também conhecidos como *distribuição física* ou *expedição*, fazem parte dos processos logísticos responsáveis pela movimentação física dos materiais desde o armazém, os quais foram manufaturados ou chegaram de um produtor ou de um fabricante, até a entrega ao cliente final. Ou seja, há de se contar com processos que garantam a qualidade dos produtos dentro das condições esperadas.

capítulo 5

A Figura 5.1 contempla as principais atividades que interagem com o processo de expedição. Podemos perceber que se trata de um sistema complexo, que necessita de muitas informações adequadamente gerenciadas a fim de que a distribuição ocorra de maneira satisfatória.

Figura 5.1 – Atividades de expedição

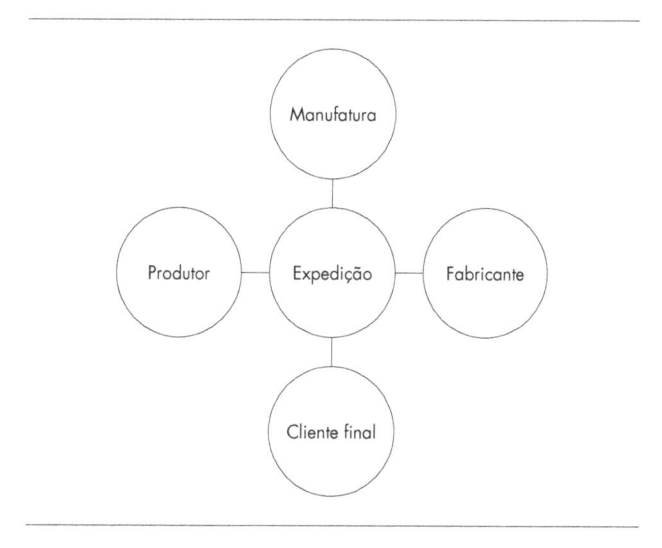

```
            Manufatura
                |
  Produtor — Expedição — Fabricante
                |
            Cliente final
```

Fonte: Elaborado com base em Dias, 2012.

Um processo de distribuição de materiais deve ser adequado ao tipo de produto movimentado. Os detalhes para o sucesso dessa ação devem estar atrelados ao tipo de atividade realizada, às necessidades dos clientes, aos prazos de entrega, aos tipos de transporte e às embalagens, conforme especificamos a seguir.

- **Atividade realizada** – Verifica-se o tipo de produto, se perecível, tóxico, volátil ou frágil.
- **Necessidades dos clientes** – Deve ser analisado o tempo que o cliente pode esperar, as situações de urgência e de emergência etc.
- **Prazos de entrega** – Devem ser respeitados de forma a não atrasar as atividades operacionais dos clientes.
- **Modais de transporte** – Podem ser aéreo, terrestre (por carro, moto, caminhão, trem) ou fluvial/marítimo (barco, navio).
- **Embalagens** – Podem ser primárias, secundárias, terciárias ou quaternárias, bem como os materiais utilizados para sua confecção.

Não se podem descartar também as atividades administrativas de conferência, documentação, emissão de nota fiscal e pedido de compras, entre outras, até a finalização do pedido na entrega do produto solicitado.

O estudo de expedição de materiais é cercado de detalhes, pois ele visa atender os clientes com a máxima qualidade, dentro das especificações solicitadas.

5.1 Procedimentos de expedição

As atividades de expedição de pedidos envolvem procedimentos que antecedem o transporte de mercadorias, ou seja, integram a separação e a organização dos materiais, bem como os cuidados com os procedimentos administrativos necessários para a emissão de documentos e certificados de qualidade.

Cabe aos colaboradores de uma empresa procederem com atividades de conferência dos materiais, observando quantidades, volumes, estado de conservação do material e das embalagens, lacres e travas, de forma que o pedido seja atendido em conformidade com as especificações iniciais, isto é, o que foi pedido deve obrigatoriamente ser entregue em quantidades e com características técnicas nas condições solicitadas.

Se tudo estiver de acordo, os materiais são transportados, juntamente com a documentação pertinente, como nota fiscal, certificado de garantia e de qualidade, ordem de serviço, pedido de compra, boleto bancário etc. A partir desse momento, a responsabilidade da carga pertence ao transportador, assinando documentos que formalizem o embarque.

Exercício resolvido

A empresa Alfa trabalha com cinquenta tipos diferentes de materiais, porém, em muitas ocasiões, nota-se que existe uma divergência nas informações da previsão de vendas com o efetivamente realizado pelo armazém, fator que gera erros de separação de materiais e até mesmo a sua falta, impactando o atraso da entrega dos produtos ao cliente e gerando, por vezes, excesso de estoque.

Assinale a alternativa que se enquadra corretamente como uma proposição de melhoria:

a. Aprimoramentos no planejamento e no controle do sistema de expedição.
b. Troca de mão de obra por colaboradores mais ágeis e rápidos.
c. Solicitação de auditoria externa de qualidade.
d. Compra de equipamentos de locomoção de materiais.
e. Aquisição de robôs para a movimentação dos materiais.

Resposta correta: a. Diante do problema apresentado, a proposta mais adequada seria planejar e controlar os sistemas de expedição, que não devem estar procedendo com a separação e a conferência correta dos pedidos de materiais, o que, por vezes, causa até mesmo um excesso de estoque de determinados itens por falhas humanas e operacionais. Vale lembrar que o planejamento é o primeiro passo para uma gestão de sucesso e ele deve ser realizado preferencialmente a longo prazo.

A nota fiscal é um dos documentos mais importantes que deve acompanhar o deslocamento de materiais, pois nela constam as características do produto, assim como peso e quantidade. Os processos administrativos são de suma importância para o sucesso das operações logísticas, pois todas essas etapas fazem parte de um sistema integrado de gestão inteligente.

A operação de emissão de nota fiscal deve ser realizada com cuidado, para que o cliente não corra o risco, por exemplo, de pagar por valores diferentes dos acordados, além do compromisso no recolhimento de tributos, que são tão importantes para a manutenção do Estado. O acompanhamento de documentos dos pedidos é de extrema importância, pois há ocasiões em que os materiais solicitados não estão no estoque e, com isso, os documentos, como a ordem de pedidos, são essenciais para que não haja erros nas atividades de separação dos materiais.

É bastante comum que caminhões carregados com materiais, desde matérias-primas até produtos acabados, sejam barrados nos postos de fiscalização da Receita e da Polícia Federal por causa de divergências entre a nota fiscal e as características, o peso ou a quantidade das mercadorias que se encontram no veículo de transporte. Nesse caso, o caminhão ficará parado, impedido de prosseguir viagem até que a empresa responsável pela expedição desses materiais regularize a documentação. Uma vez regularizada, a viagem de transporte poderá prosseguir.

Assim, o planejamento de meios de transporte a serem utilizados pela empresa que expede os materiais também é muito importante. Determinados produtos precisam de cuidados especiais para serem transportados e entregues aos clientes sem avarias, além do cumprimento dos prazos de entrega. Dias (2012, p. 37) aponta que "O aumento da qualidade dos transportes e a adequação dos seus preços, além de fortalecer a competitividade da produção brasileira no mercado externo, criam também uma elevação de renda e uma redução de custos em toda a cadeia logística".

É preciso, portanto, desenvolver um planejamento de roteiros de carga, com datas de saída e chegada do produto, com as características necessárias dos veículos de transporte e de atendimentos especiais em situações de emergência. Dessa forma, a empresa terá mais chantes de obter vantagens competitivas em relação a seus concorrentes. Os custos podem ser reduzidos no uso de modais de transporte com atitudes práticas, como o aproveitamento do mesmo veículo que leva a carga para retornar com embalagens vazias, por exemplo, ou com materiais a serem entregues a outro cliente na cidade de origem, evitando que o retorno seja uma atividade onerosa.

5.2 Uso de robôs nos armazéns

Caro leitor, você já parou para pensar se sua casa pudesse contar com robôs para operacionalizar a limpeza e a manutenção ou fazer as refeições? Certamente você lhes delegaria as atividades mais fatigantes ou até mesmo perigosas. Assim acontece com as indústrias que utilizam esse tipo de tecnologia: as atividades mais perigosas são delegadas aos robôs, poupando a saúde e a integridade física dos colaboradores. Contudo, devem ser respeitadas as limitações de operação da máquina.

Os estudos que fazem parte dos processos logísticos auxiliam as empresas a serem mais competitivas, uma vez que eles geram valor aos clientes por meio de entregas pontuais e do cumprimento dos prazos com qualidade. As atividades de armazenagem compõem diversas etapas organizativas entre o estoque e a distribuição de materiais, que devem contar com pessoas qualificadas para realizarem, com eficácia, os serviços. Em consonância, a logística moderna vem demonstrando bons resultados no uso da automatização dos processos, com ferramentas de tecnologia de informação e, principalmente, com o uso de robôs capazes de movimentar, levantar, abaixar e, em alguns casos, pinçar materiais, selecionando-os. A Figura 5.2 mostra diversos modelos de pinças mecânicas que podem ser movimentadas por robôs.

Figura 5.2 – Pinças mecânicas

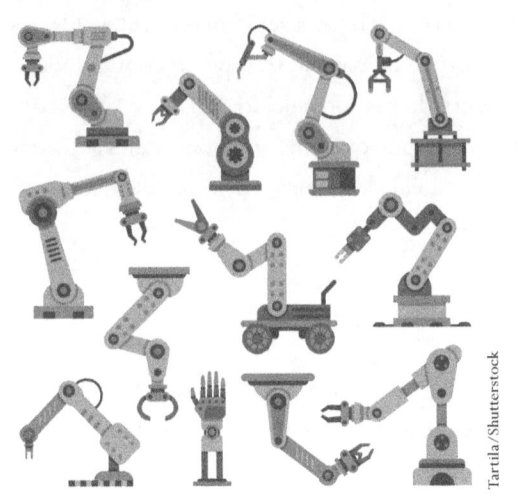

Tartila/Shutterstock

Antigamente, nas indústrias, a robótica destinava-se a operações repetitivas. Hoje, os robôs são bastante utilizados nos armazéns para selecionar e classificar peças, por exemplo, com o auxílio de recursos, como o código de barras ou o QR Code. Em alguns processos, um computador central envia as informações necessárias para a memória dos robôs a fim de que que eles operem determinadas tarefas.

Para saber mais

ARMAZENAGEM robotizada das empresas nos EUA. Disponível em: <https://www.youtube.com/watch?v=ES7MPW6Idrk>. Acesso em: 12 jan. 2021.
Extraído de um documentário do Discovery Channel, o vídeo mostra o uso de robôs nas indústrias.

As atividades que fazem parte dos processos de expedição de materiais nas empresas requerem planejamento estratégico, pois envolvem questões como o caminho que o material deve seguir até chegar ao consumidor final com excelência. De forma geral, os robôs, se integrados aos processos logísticos, proporcionam agilidade, segurança, flexibilidade, redução nos custos e competitividade para as empresas.

O uso de robôs nas atividades de armazenagem está cada vez mais difundido nas operações logísticas, proporcionando maior segurança e agilidade às operações de movimentação de materiais entre os corredores.

A influência dos equipamentos e sistemas para a armazenagem na produtividade da logística comercial ou industrial pode ser observada em todas as suas frentes. Um método e um sistema adequado para estocar matéria-prima, peças em processamento e produtos acabados permite diminuir os custos de operação, melhorar a qualidade dos produtos e acelerar o ritmo dos trabalhos. Além disso, provoca reduções nos acidentes de trabalho, redução no desgaste do equipamento de movimentação, menor número de problemas de separação de entregas e, por consequência, um maior nível de atendimento aos clientes. (Dias, 2012, p. 49)

A automação está cada vez mais sendo usada em vários segmentos da logística, pois melhora o fluxo de informações e proporciona maior precisão das decisões estratégicas a serem tomadas pelos gestores. Contribui também para reduzir os índices de acidentes de trabalho uma vez que diminui o tempo de exposição de pessoas em procedimentos industriais.

O uso de drones, por exemplo, faz parte do futuro da logística. Muitos especialistas acreditam que esses equipamentos irão complementar e até mesmo substituir os modais de transporte rodoviário, ferroviário, aéreo e aquaviário. Como os drones trabalham com deslocamento por via aérea, eles ganham tempo, entregando materiais com mais eficiência e a menores custos. Nesse sentido, podemos imaginar como seria a entrega de produtos acabados como medicamentos ou alimentos para pessoas enfermas ou incapacitadas de se locomover. Nessas situações, os drones (Figura 5.3) podem ser muito eficientes. Além disso, eles também podem ser usados em atividades que envolvem gastronomia e *e-commerce*; logo, não é de se espantar que esses equipamentos se tornem um braço importante dos processos de armazenagem, proporcionando ganhos em eficiência.

Figura 5.3 – Drones

Tartila/Shutterstock

Normalmente, os drones reduzem a necessidade do uso de modais de transporte e da força humana, além de proporcionarem melhorias no gerenciamento interno do armazém para o atendimento ao consumidor e maior facilidade de locomoção dos materiais, favorecendo o planejamento a logo prazo. Sob esse contexto, a Agência Nacional de Aviação Civil (Anac) criou regras para as operações civis de aeronaves não tripuladas, ou seja, de drones. Segundo a Anac, "O Regulamento Brasileiro de Aviação Civil Especial nº 94/2017 (RBAC-E nº 94/2017) da ANAC é complementar às normas de operação de drones estabelecidas pelo Departamento de Controle do Espaço Aéreo (DECEA) e pela Agência Nacional de Telecomunicações (ANATEL)" (Brasil, 2021a).

A automatização está sendo cada vez mais utilizada nos processos logísticos, com o uso de robôs com tecnologias avançadas. Todavia, ainda que haja tendência de redução de valores, o alto custo é um fator que impede que grande parte das empresas adquira esse recurso. Os robôs, em geral, são ligados a sistemas computadorizados que apresentam funcionalidades logísticas desde o estabelecimento de rotas no armazém até uma análise mais detalhada dos custos de frete, por exemplo, possibilitando ao gestor logístico melhores possibilidades de escolha no aproveitamento dos recursos da empresa.

Para saber mais

VALOR ECONÔMICO. Robôs transformam o setor de logística. 19 set. 2017.Disponível em: <https://www.youtube.com/watch?v=WxT1Mie VoBg>. Acesso em: 12 jan. 2021.
O vídeo mostra como os robôs transformam o setor da logística. Essas máquinas inteligentes se disseminam por todo o núcleo do setor logístico.

A logística do futuro deve acompanhar as tendências do mercado. Ainda que a obtenção dessa tecnologia no Brasil seja cara, do ponto de vista financeiro, os gestores têm o grande desafio de fomentar processos criativos e não repetitivos, acompanhando a tendência de países desenvolvidos, como os europeus, por exemplo. Quanto mais as empresas forem automatizadas, maiores serão os investimentos em profissionais criativos e na manutenção das máquinas, em vez da operação, mas esse é um assunto que veremos com mais detalhes a seguir, quando tratarmos dos processos de automatização e do uso de tecnologias que aprimoram os fluxos de trabalho.

5.3 Processo de automação

No contexto da indústria moderna, cada vez mais as organizações dependem das pessoas para criar conhecimento, pois diversas são as mudanças tecnológicas decorridas ao longo da história que conferem transformações significativas nos processos logísticos. Nonaka e Takeuchi (1997, p. 65) defendem que, "Em termos restritos, o conhecimento só é criado por indivíduos. Uma organização não pode criar conhecimento sem indivíduos. A organização apoia os indivíduos criativos ou lhes proporciona contextos para a criação do conhecimento".

Para Ruas, Antonello e Boff (2005, p. 70) "o Trabalhador do Conhecimento é um profissional fundamental para viabilizar a criação e transferência de Conhecimento nas empresas". O conceito de **trabalhador de conhecimento** nas indústrias incorpora os atributos individuais às ferramentas de trabalho para resultar em produtos e em serviços com valor agregado. No atual contexto do mercado moderno, torna-se possível classificar muitos profissionais como *trabalhadores de conhecimento*, em diversos níveis de especialização e em diferentes atividades, descartando tarefas rotineiras e repetitivas. Nas atividades de varejo em países desenvolvidos, por exemplo, as operações de caixa para o pagamento dos produtos são informatizadas por meio da leitura de códigos de barras e QR Codes. Assim, a mão de obra é direcionada para realizar atividades de maior valor agregado, voltadas à criação na transformação do conhecimento.

> *O principal recurso de capital, o investimento fundamental e o centro de custos de uma economia desenvolvida é o* **trabalhador intelectual***, aquele que põe a funcionar tudo o que seu intelecto absorveu através de uma educação sistemática, isto é, ideias e teorias contrapondo-se ao indivíduo que põe em ação suas habilidades manuais e braçais (Drucker, 1997, p. 51, grifo nosso).*

As atividades automatizadas estão sendo usadas com maior frequência nas operações de deslocamento e transporte de materiais, eliminando ações repetitivas e de baixo valor agregado e melhorando os processos logísticos.

O Quadro 5.1 identifica as características econômicas e financeiras dos principais modais de transporte tradicionalmente utilizados pela logística.

Quadro 5.1 – Características econômicas dos modais

Modal	Custos variáveis	Custos fixos	Preço-usuário
Aéreo	Alto	Alto	Maior
Rodoviário	Médio	Baixo	Médio
Ferroviário	Baixo	Alto	Menor
Aquaviário	Baixo	Médio	Menor
Dutoviário	Baixo	Alto	Menor

Fonte: Elaborado com base em Fleury; Wanke; Figueiredo, 2003.

Curiosidade

Você sabe o que é **sistema dutoviário de transporte?** Trata-se de um processo de transporte de materiais que utiliza tubos cilíndricos ocos, similares a tubulações hidráulicas, porém grandes o suficiente para que os materiais sejam transportados de uma ponta à outra, conforme as necessidades da empresa.

Os custos fixos e variáveis dos transportes impactam tanto o consumidor final, que paga o valor total do produto ou do serviço, quanto as empresas que manufaturam. A tendência é de que, quanto mais automatizados forem esses processos, mais racionalizados serão os custos de operação das indústrias e, consequentemente, menor será o valor pago pelo cliente final. A Figura 5.4 refere-se aos processos de automação na logística.

Figura 5.4 – Automação industrial

PopTika/Shutterstock

O **compartilhamento** é outra grande vantagem de processos automatizado pois gera, para a empresa, o reaproveitamento de recursos físicos, como os equipamentos de transporte e locomoção que, em grande parte das operações, são subutilizados. Ainda que fora do âmbito específico da logística, mas a título de exemplo, os serviços de transporte terceirizados, como o Uber, vêm investindo largamente em transporte e compartilhamento de cargas com recursos da automatização.

A **mobilidade** é outra grande vantagem da automatização pois, com o ganho de velocidade nas operações, evitam-se deslocamentos desnecessários e há um aumento da conectividade entre as áreas de conhecimento.

Cada vez mais os operadores logísticos "vestem" a tecnologia por meio do uso de certos recursos, como o coletor de dados, os relógios acoplados às plataformas virtuais e os leitores de códigos de barras. A logística moderna está passando pelo advento da Indústria 4.0 na digitalização dos processos de armazenagem, em que o operador visualiza os processos com o auxílio da tecnologia da informação e, com o uso de inteligência de dados, resgata informações em tempo real.

> *Os impactos da Indústria 4.0 sobre a produtividade, a redução de custos, o controle sobre o processo produtivo, a customização da produção, dentre outros, apontam para uma transformação profunda nas plantas fabris. Segundo levantamento da ABDI [Agência Brasileira de Desenvolvimento Industrial], a estimativa anual de redução de custos industriais no Brasil, a partir da migração da indústria para o conceito 4.0, será de, no mínimo, R$ 73 bilhões/ano. (Brasil, 2021b, grifo do original)*

Os conhecimentos da Indústria 4.0 podem ser implementados com o auxílio e a integração de processos automatizados, como a digitalização, a mecanização e a robotização.

- **Digitalização** – Na leitura de dados por leitores ópticos, por exemplo.
- **Mecanização** – No uso de esteiras mecanizadas e transelevadores, entre outros equipamentos.
- **Robotização** – No uso de robôs que eliminem mão de obra de repetição, tornando os processos mais produtivos.

Exercício resolvido

A empresa Beta é líder na produção de fitas de borda de madeira para todos os estados do Brasil e pretende implementar mudanças em seu processo de armazenagem, descartando operações manuais no uso recorrente de papéis, os quais frequentemente se extraviam e causam confusão entre os operadores, que não conseguem gerenciar corretamente as operações. O diretor da empresa ressalta a importância da inovação para o aumento das vendas anuais no Brasil, cuja meta é atingir de 25% a 30% em relação ao faturamento do ano anterior.

Assinale a alternativa que identifica corretamente o recurso utilizado para a implementação dessas mudanças:

a. Uso de planilhas de Excel em computador.
b. Uso de tecnologias aplicadas na automatização.
c. Substituição de papéis soltos por blocos de papel.
d. Contratação de um supervisor de produção para acompanhar os operadores.
e. Organização dos arquivos físicos.

Resposta correta: b. A automatização da logística, como a informatização dos processos, gera velocidade de produção sem descartar a qualidade. Assim, a empresa conseguiria aumentar as vendas e otimizar, por meio de recursos tecnológicos, a operacionalidade das funções dos colaboradores.

A seguir, veremos a automação da logística de armazenagem com o uso do sistema WMS.

5.4 Automação e WMS

A gestão automatizada da cadeia de suprimentos é um estudo recente da logística, a qual, até há pouco mais de um século, era desenvolvida manualmente, com o auxílio de tração animal e o uso de carros e de carroças rudimentares. Ainda que o conhecimento básico sobre a armazenagem de suprimentos venha de aplicações antigas, acredita-se que sua origem tenha ocorrido na década de 1950, quando se iniciou uma nova abordagem ligada à administração integrada de materiais. Martins e Laugeni (2005) explicam que o *supply chain* corresponde a um conceito de **integração da empresa** com todas as firmas da **cadeia de suprimento**: fornecedores, clientes e provedores externos de meios logísticos, os quais compartilham informações e planos necessários para tornar o canal mais eficiente e competitivo.

A visão moderna da cadeia de suprimentos, compreendendo a integração das funções relacionada ao fluxo de materiais e de informação dentro do processo produtivo, é sinônimo de excelência em logística; e as empresas que pretendem atingir tal objetivo precisam se esforçar nesse sentido. O nível de exigência é grande quanto ao controle de materiais, para que não haja perdas nem extravios. Dessa forma, entende-se que *supply chain* é a interligação das áreas de negócio, integrando todas as operações da empresa, desde a armazenagem de matérias-primas até a produção para a entrega do produto final ao cliente. Sendo que essa integração não é apenas de materiais, mas também de informações, uma vez que estas passam por uma cadeia inteligente e fluem para a obtenção de ótimos resultados por meio da qualidade em produtos e serviços.

A cadeia de suprimentos compreende a comunicação das atividades relacionada ao fluxo de materiais e de informações que se movimentam dentro dos limites do negócio, que pode contar, na atualidade, com sistemas específicos, como o *Warehouse Management System* (WMS) ou sistema de gerenciamento de armazém.

> *A introdução de um programa de aumento de produtividade em uma operação de armazenagem não difere em nada de qualquer esforço para introduzir mudanças em uma logística integrada. A tarefa exige uma análise dos efeitos sobre as pessoas*

envolvidas, da elaboração de padrões de aferição e desempenho, da obtenção e utilização da informação necessária. (Dias, 2012, p. 70)

O sistema WMS atua em uma cadeia de informações. Se houver uma quebra nesse recurso, também haverá perdas no processo produtivo e a consequente queda da qualidade em produtos e serviços entregues aos clientes.

Para saber mais

PONCE, A. C. et al. O sistema WMS e a sua importância para a linha Nespresso da Nestlé. **Revista da Faculdade de Administração e Economia**, São Paulo, v. 1, n. 1, p. 82-98, 2009.

Nesse artigo, é apresentada a implementação de um sistema informatizado em uma grande empresa, evidenciando a otimização de seus armazéns.

O WMS é um sistema de gerenciamento específico das funções de armazenagem, o qual se comunica com outros sistemas de informação da empresa por meio de interfaces, em uma linguagem específica de texto, como o XML, para que haja pleno controle dos materiais que existem efetivamente nos estoques. O XML é uma linguagem estruturada de texto, bastante utilizada pelas empresas para a melhoria da comunicação na leitura e na codificação de informações pelo WMS.

> *Um WMS é um sistema de gestão integrada de armazéns, que operacionaliza de forma otimizada todas as atividades e seu fluxo de informações dentro do processo de armazenagem. Essas atividades incluem recebimento, inspeção, endereçamento, estocagem, separação, embalagem, carregamento, expedição, emissão de documentos, inventário, administração de contenedores entre outras, que, agindo de forma integrada, atendem às necessidades logísticas, evitando falhas e maximizando os recursos da empresa. (Guarnieri et al., 2006, p. 132)*

Para que a gestão de estoques seja eficaz, é necessário que o operador logístico responsável tenha acesso às informações, de forma abrangente, das áreas de compras, acompanhamento, gestão da armazenagem, controle de produção e gestão de distribuição física.

Exercício resolvido

A empresa Gama está há meses perdendo oportunidades de negócio, pois são constantes os atrasos em seu processo produtivo. Com isso, ela não consegue entregar os produtos nos prazos acordados e seus clientes estão rompendo contratos. O gerente logístico contratou um serviço de consultoria, o qual identificou que os colaboradores demoram horas e, em alguns casos, até dias para localizar as matérias-primas necessárias para a manufatura. Imagine que você é o consultor contratado. Ao término das visitas técnicas, você deve entregar um relatório final com uma proposição de melhoria.

Assinale a alternativa correta quanto à melhoria proposta para a problemática apresentada:

   a. Substituição da mão de obra da empresa por operadores mais rápidos.
   b. Implantação de um sistema de gerenciamento de informação como o WMS.
   c. Redução dos níveis de estoque para a melhoria da velocidade de localização das matérias-primas.
   d. Redução do número de contratos assinados, atendendo a um cliente por vez.
   e. Utilização de empilhadeiras para a retirada das matérias-primas.

Resposta correta: b. O enunciado da questão explica que os colaboradores estão sofrendo profissionalmente pela falta de informações. Com um modelo de gerenciamento como o WMS, esse processo se tornará muito mais rápido e fácil.

Muitos gestores comparam o WMS com um casamento, pois ele necessita de uma escolha acertada do gestor logístico para que o sistema seja adequado às demandas da empresa, pois, em caso de "divórcio", haverá ônus, uma vez que a implantação de um sistema como o WMS requer investimentos financeiros.

Para a escolha do WMS, o gestor deve considerar os recursos disponíveis da empresa, como metragem do espaço físico, quantidade de colaboradores e número e especificação dos equipamentos de transporte e de locomoção no armazém, por exemplo, empilhadeiras, paleteiras, carros elétricos e elevadores, pois esses fatores influenciam o fluxo do sistema.

O WMS é uma ferramenta que automatiza o armazém, auxiliando a gestão logística, principalmente quando há uma expansão significativa das operações, necessitando que o armazém seja ampliado, ou seja, quanto mais a empresa expande seus negócios, maiores devem ser os investimentos em tecnologia da informação, diminuindo as possibilidades de erros e de perdas nos processos. A maneira como as informações são automatizadas e gerenciadas determina o ritmo das operações no armazém, isto é, o WMS não faz nada sozinho, a gestão é quem vai determinar a qualidade das operações logísticas da empresa.

As principais vantagens do sistema WMS são:

- a melhoria dos serviços de estoque;
- a melhoria na qualidade dos serviços prestados pelo armazém;
- o aumento da taxa de ocupação de materiais no armazém;
- a distribuição das atividades entre os operadores de forma mais eficiente;
- um maior controle dos fluxos de materiais;
- um maior controle das informações do armazém;
- a redução de custos operacionais;
- o rastreamento no número de lote das embalagens;
- o rastreamento do prazo de validade de matérias-primas; e
- a agilidade na localização dos produtos.

O Quadro 5.3 explica a aplicabilidade do WMS, adaptando processos para que haja melhorias nas operações logísticas.

Quadro 5.3 – Aplicabilidade do WMS

Área	Melhorias
Portaria	Na portaria dos armazéns, a comunicação dos veículos das empresas responsáveis pelo encaminhamento dos materiais para revenda, reprocessamento, retorno ao fornecedor, reciclagem ou descarte final deve ser constantemente controlada. Os materiais que chegam à portaria do armazém devem ser direcionados a locais adequados, visando à otimização do fluxo.
Inspeção e controle de qualidade	As inspeções em qualidade devem ser constantes, direcionando materiais ou resíduos vindos do pós-consumo para reuso. Os materiais ou resíduos de pós-venda devolvidos por defeitos ou avarias podem ser reciclados e retornados ao fornecedor ou até mesmo revendidos. Para tanto, é necessário que a inspeção e a avaliação das condições e a posterior destinação aos locais de estocagem provisória sejam realizadas com controle.
Estocagem	Os materiais ou os resíduos de pós-consumo e de pós-venda devem ser estocados de forma organizada, com o gerenciamento de informações sobre o volume e o peso, por exemplo. Devem ser realizados inventários constantes e a gestão da localização. A movimentação adequada dos materiais deve ser controlada por sistema para a obtenção de informações reais do espaço do armazém.
Expedição	Os materiais ou os resíduos de pós-consumo e de pós-venda precisam ser expedidos para locais adequados e seguros, livres de avarias. Essa expedição deve ser devidamente documentada, roteirizada e organizada pelo gestor do armazém.
Controle de contenedores	Existem contenedores, como paletes, racks, berços, cestos aramados, caixas plásticas, entre outros, que são utilizados diversas vezes no processo logístico. Esses materiais, quando no final de sua vida útil, precisam ser monitorados e encaminhados para a reciclagem. Para isso, é necessário seu controle no armazém, como ocorre com os materiais novos.

Fonte: Elaborado com base em Guarnieri et al., 2006.

Muitas empresas perdem em produtividade por não conseguirem localizar corretamente os materiais que estão estocados ou por não terem absoluta certeza do que há guardado, além da falta de informações quanto às especificações técnicas e às quantidades de matérias-primas. É bastante comum que muitas compras sejam realizadas desnecessariamente, onerando assim o caixa da companhia, a qual poderia investir esses recursos financeiros em outros setores, como o administrativo e o recursos humanos, ou em embalagens e infraestrutura dos veículos de locomoção.

Cabe ao gestor logístico escolher um modelo de WMS para a eficaz gestão do armazém e controle pleno das operações logísticas de armazenagem, com o uso de recursos da tecnologia da informação a fim de aprimorar e otimizar diversas funções, como o gerenciamento do histórico das informações de armazenagem dos últimos dias, meses e anos, administrando, com maior precisão, a variedade de itens estocados no armazém.

Exercício resolvido

A empresa WZ é uma organização de grande porte e atende a todo o Brasil em múltiplos produtos do ramo alimentício. Seus recursos financeiros são limitados, mas, para que possa trabalhar com a gestão de estoques de forma eficiente, aumentando sua produtividade, a empresa tem a ciência de que é necessário que o gestor logístico responsável tenha acesso a todas as informações, de forma abrangente, de todas as áreas da organização, como compras, acompanhamento, gestão da armazenagem, controle de produção e gestão de distribuição física, conhecimento que, na atual situação, tem sido restrito. A preocupação de que sejam implementadas mudanças deve-se ao fato principalmente de que a companhia atua com operações simultâneas na produção e na distribuição de produtos alimentícios.

> Considerando-se esse contexto, é correto afirmar que a aplicação eficiente de um processo logístico automatizado pode ser alcançada:
>
> a. pela aquisição de um leitor de código de barras.
> b. pela troca de computadores mais modernos.
> c. pela redução dos níveis de estoque.
> d. pela implementação de estoques de segurança.
> e. pela aquisição de um sistema WMS.
>
> Resposta correta: e. Ainda que a empresa conte com recursos financeiros limitados, a implantação de um sistema WMS integrará as informações e facilitará os processos de comunicação, sendo, portanto, a saída mais eficiente.

O grande desafio das empresas modernas é obter informações para baixar do estoque os materiais sem giro (promovendo a reciclagem ou o reaproveitamento), porém sem afetar o resultado final na entrega de produtos e serviços aos consumidores, com ganhos produtivos para todos os elos da cadeia, empresas e clientes.

Essas estratégias contribuem para a competitividade das empresas diante de seus concorrentes, ajudando-a a organizar o *layout* do armazém, mapeando os produtos acabados e semiacabados e as matérias-primas, com o objetivo de melhorar a gestão de estoque e o desempenho nas atividades logísticas, aumentando o nível de serviço na entrega aos clientes.

O WMS tem por objetivo automatizar as atividades de armazenagem por convocações ativas, enviando informações, atividades e tarefas para os coletores de linha, que serão administradas pelos operadores de produção, descartando, por exemplo, tarefas manuais como as anotações em papel, mais propensas à falha humana visto que procedimentos importantes podem ser esquecidos, como o giro de um item nos estoques. Com isso, a empresa pode sofrer perdas de produtos estocados por não conseguir administrar a variedade de itens guardados. Quando o armazém é pequeno, o operador consegue localizar com facilidade os materiais pela experiência adquirida e pelo domínio do *layout* industrial, mas quando a área de armazém é grande e as operações de produção são múltiplas, sistemas como o WMS facilitam as atividades operacionais na localização rápida e precisa dos materiais necessários.

As empresas, por sua vez, somente investem nesse tipo de recurso tecnológico quando têm a certeza de que o investimento realizado dará retorno. Assim, as vantagens na implantação de um WMS devem estar muito claras, como o aumento da produtividade, a diminuição de movimentações, de paradas na produção por falta de produto e de perdas e avarias no armazém. De acordo com Santos (2009, p. 5), "Investimento é toda ação da qual se espera obter benefícios futuros". Toda a indústria transforma os insumos em produtos ou em serviços que satisfazem às necessidades dos clientes, para isso, faz uso de recursos que são alocados em uma série de etapas, que dependem de matérias-primas vindas do armazém.

Os principais pontos críticos no planejamento para a escolha do sistema WMS referem-se à interface, à gestão e à aderência de acordo com o tipo de negócio da companhia, com o mínimo de customização possível, pois, dessa forma, o sistema se adequará às necessidades da empresa, e não o contrário. Vale considerar, ainda, os seguintes aspectos:

- A interface deve ser muito bem testada, mensurando situações como a falta de produto no armazém, em um contexto de não conformidade.
- Gestão no oferecimento de recursos para administrar o negócio, principalmente no que tange à produtividade.
- Aderência ao tipo de negócio da empresa.

Com planejamento e controle da administração logística, a organização pode avaliar se os padrões existentes de financiamento e os fundos gastos são coerentes com as metas gerais da companhia e se são necessários ou até mesmo cabíveis investimentos financeiros em outros sistemas de automação, tais como o *electronic data interchange* (EDI) e o *request for information* (RFI).

EDI significa intercâmbio eletrônico de dados por meio de redes informatizadas. Corresponde a um processo de troca de informações entre sistemas, bastante utilizado nos modais de transporte logísticos, nos pedidos de compras e de materiais e na interação de informações entre embarcadores e transportadores, empresa e cliente, produção e estoques. As principais informações gerenciadas pelo EDI referem-se a notas fiscais, conhecimentos eletrônicos, ocorrências de entregas e faturas. A grande vantagem do uso de sistemas como o EDI é quanto à agilidade no acesso de informação, visto que os processos manuais são reduzidos e a digitalização é implementada, padronizando o método de comunicação entre os sistemas de transporte, uma vez que as informações dos materiais são recolhidas automaticamente.

RFI, por sua vez, é um sistema que faz a busca de informações dos materiais quando há muitos fornecedores para determinado item, gerando um documento que torna mais claro às empresas os fornecedores que estão aptos para o atendimento. Dessa forma, a indústria tem maiores oportunidades de compra, na diversificação de características técnicas de materiais e marcas. O RFI pode ser traduzido como "solicitação de informação".

5.5 Código de barras

Houve um tempo em que as operações de vendas nos supermercados eram totalmente manuais, ou seja, os operadores de caixas registravam os respectivos preços, um a um, nas máquinas registradoras. Essas operações manuais consumiam muito tempo, acarretando filas enormes de clientes, além de existir a possibilidade de os colaboradores cometerem erros nos registros de valores, o que gerava furos nos caixas e nos estoques, entre outros problemas no atendimento ao cliente, bem como no que diz respeito ao setor administrativo, aos estoques e à armazenagem.

À medida que a logística foi se modernizando, por volta da década de 1980, com o uso de sistemas informatizados, como as operações com códigos de barras, as atividades de varejo nos supermercados tornaram-se muito mais eficientes e seguras do ponto de vista da segurança da informação, propagando-se entre os diversos segmentos empresariais.

Atualmente, o código de barras em um sistema de gerenciamento de informações equivale ao número de registro de determinado produto. Nos ambientes em que há grande diversidade de produtos, cada código representa uma característica específica do material.

A grande dinâmica das empresas tem exigido processos mais ágeis e informações mais precisas em períodos de tempo cada vez mais curtos. Baseado nisso um sistema de coleta automática de dados além de proporcionar um melhor acompanhamento do fluxo de materiais e produtos ao longo do fluxo produtivo, pode oferecer uma maior agilidade na realização da logística interna da empresa, maior acuracidade de estoques, além de uma maior rastreabilidade dos mesmos internamente e externamente à empresa. (Silva; Andrade; Silva, 2008, p. 2)

A leitura das informações evoluiu a tal ponto no mercado que hoje é indiferente que a interpretação do código seja feita de cima para baixo ou de baixo para cima pelo operador, ou seja, o computador entende a informação sob qualquer ângulo da imagem. A Figura 5.5 mostra o uso de código de barras nos supermercados.

Figura 5.5 – Operações com código de barras

Como um leitor consegue relacionar os números dos códigos de barras aos produtos que são comprados ou puxados em um sistema de armazém? Silva, Andrade e Silva (2008, p. 4) esclarecem:

Os códigos de barras são lidos pela varredura de um pequeno ponto de luz através do símbolo do código de barras impresso. Os olhos veem apenas uma fina linha vermelha emitida pelo leitor laser (scanner). Todavia, o que acontece é que a fonte de luz do leitor está sendo absorvida pelas barras escuras e refletida pelos espaços claros. Um dispositivo no leitor pega a luz refletida e a converte em um sinal elétrico.

Os códigos de barras (Figura 5.6) utilizam um sistema internacional de informações do uso de números, cuja sequência varia de 0 a 9 para identificar um produto. Os três primeiros dígitos do código identificam o país de origem do produto, ou seja, onde ele foi fabricado. Depois, há uma parte do código que identifica a empresa e uma outra parte que traz as características da mercadoria. A última sequência refere-se ao dígito verificador, assegurando que, quando o computador realiza a leitura do código, a sequência esteja correta. As barras intercalam entre as tonalidades de cores claras e escuras. Do lado direito do código, existe uma forma de codificação e, do lado esquerdo, outra.

Figura 5.6 – Código de barras

3546895018784

ace03/Shutterstock

Nos armazéns, tendo em vista o controle interno de estoques para a produção, o números dos códigos de barras podem ser criados aleatoriamente, pois o uso é particular. Para a comercialização, o gestor deve proceder com o pagamento e o registro de taxas, todavia, há classificações para os códigos de barras, quais sejam:

- Os códigos lineares independem do tamanho das barras, devendo ser seguidos padrões de largura entre uma cor e outra.
- Os códigos de duas dimensões equivalem ao QR Code, devendo ser seguidos padrões de altura e largura. Essa modalidade consegue

guardar uma quantidade muito maior de informações do que os códigos lineares, podendo reter dados de até sete mil números.

Em um processo de exportação/importação de materiais, o código de barras identifica quais produtos devem ser direcionados para qual país, fazendo com que um produto aqui no Brasil seja interpretado da mesma forma na Itália ou na Alemanha, por exemplo.

Nem todos os códigos de duas dimensões, 2D, são QR Codes. Os QR Codes (Figura 5.7) foram difundidos no mercado na década de 1990.

Figura 5.7 – QR Code

natrot/Shutterstock

Por meio da leitura dos quadrados laterais, o leitor interpreta as informações de determinado material nos estoques. Os QR Codes estão distribuídos em diversos materiais comercializados no mundo e por meio deles podem ser visualizados vídeos, fotos e imagens.

No quadrado inferior do QR Code estão informações técnicas da versão que está sendo utilizada para aquele produto. Existem vários tamanhos de QR Code, a depender da necessidade de armazenamento de dados. Quanto maior for a quantidade de informações, mais complexo o sistema deverá ser, pois mais difícil será a leitura. As mesmas informações são guardadas em vários pontos do QR Code, logo, se houver algum dano ao código, como uma rasgadura ou ação da umidade, ainda assim o computador conseguirá fazer a leitura das informações.

Para os usuários comuns, é necessário baixar o aplicativo em algum modelo de dispositivo tecnológico, por exemplo.

Para saber mais

SOARES, A. Códigos de barras: a presença visível da automação. **Revista de Administração de Empresas**, São Paulo, v. 1, n. 31, p. 59-68, jan./mar. 1991. Disponível em: <https://www.scielo.br/pdf/rae/v31n1/v31n1a09.pdf>. Acesso em: 12 jan. 2021.
O artigo aborda a implementação de códigos de barras em um processo de armazenagem, contribuindo com as ações práticas de automação para a eficácia dos negócios empresariais.

O QR Code trabalha com dados baseados em texto, os quais são codificados para a leitura das informações, sob a forma de imagem, por *softwares* ou demais aplicativos. Em comparação com os códigos de barras lineares, o QR Code tem maior capacidade de armazenamento de dados. A seguir, vamos verificar os sistemas automáticos de armazenamento e recuperação.

Você consegue imaginar como seria um armazém totalmente informatizado? Vejamos um exemplo na Figura 5.8.

Figura 5.8 – Armazém automatizado

Dmitry Kalinovsky/Shutterstock

Nesse armazém, a maior parte das operações utiliza recursos da tecnologia da informação, como robôs e demais sistemas automáticos. As vantagens no uso de tecnologias estão no ganho de espaço físico e na eliminação, por consequência, de locais ociosos, além de reduzir a movimentação humana e delegar aos funcionários tarefas que agreguem valor para o processo produtivo.

Para saber mais

RIBEIRO, P. C. C.; SILVA, L. A. F.; BENVENUTO, S. R. dos S. O uso de tecnologia da informação em operações de armazenagem. In: SIMPÓSIO DE PESQIUISA OPERACIONAL E LOGÍSTICA DA MARINHA, Rio de Janeiro, 2005. **Anais**... Disponível em: <https://www.marinha.mil.br/spolm/sites/www.marinha.mil.br.spolm/files/arq0028_1.pdf>. Acesso em: 12 jan. 2021.

Nesse material, é apresentada a aplicação de sistemas de automação, com base no sistema WMS para o controle e a acurácia de materiais.

Por sua vez, os recursos tecnológicos utilizados dependem das características de produção da empresa, a qual exige que os sistemas sejam adequados a suas operações, e não o contrário. Toda vez que a companhia tiver de se adequar a algum tipo de sistema, ela perde seu tempo e, consequentemente, a produtividade diminui.

Sistemas automatizados eficientes são capazes de recuperar cargas desde que haja localização definida, proporcionando maior apoio técnico aos estoques de materiais e produtos acabados, evitando que haja avarias ou que as cargas de materiais se deteriorem ainda mais.

Vale ressaltar que o sistema de armazenamento deve ser estratégico e estar sob a responsabilidade do operador logístico, o qual pode definir regras para o melhor aproveitamento do armazém, ou seja, o gestor planeja qual sistema automático deve ser utilizado para determinada situação e os operadores o colocam em prática. Com a automatização das atividades, torna-se possível uma gestão integrada e estratégica do fluxo de informações e materiais, agregando ainda mais valor em produtos e serviços para os clientes. Conforme viemos defendendo até aqui, muitas empresas perdem em produtividade quando seus operadores têm dúvidas sobre os processos e param suas funções na busca por informações ou mesmo na procura por materiais. Vale ressaltar que as ações de decisão não cabem aos operadores, mas aos gestores logísticos. Os operadores devem trabalhar com eficiência, agilidade e qualidade.

Alguns dos objetivos mais importantes e também desafiadores da logística é criar mecanismos de entrega rápida ao destino final em um tempo programado e maximizar os custos. Para isso, estudam-se rotas de circulação, meios de transportes, locais de armazenagem (depósitos) e tudo que seja necessário para a movimentação de materiais, dentro de sistemas automáticos de gestão e operação. Vale lembrar que a excelência dos armazéns se inicia no recebimento de materiais.

Nos armazéns, sempre há oportunidades de melhoria, desde que haja planejamento para o controle dos materiais. Com a aplicação da logística integrada, no conjunto de operações associadas a um fluxo determinado de informações e de produtos, a empresa pode se tornar ainda mais competitiva. Nesse contexto pós-moderno, torna-se fundamental a utilização de ferramentas e sistemas de logística mais eficazes a fim de que as indústrias que optarem por novas estratégias tenham um diferencial no mercado.

Síntese

- Nas atividades de expedição, têm extrema importância os processos de conferência e os procedimentos administrativos no tocante à emissão de documentos, como a nota fiscal.
- Os processos de automatização são ferramentas que permitem o desenvolvimento das operações logísticas.
- O uso de sistemas como o WMS aumenta as possibilidades e as vantagens de integração das informações pela automação de serviços.
- A aplicabilidade de códigos de barras e de QR Codes nas operações logísticas facilitam o controle das mercadorias.
- O desenvolvimento de sistemas automáticos nas operações de armazenagem, principalmente para a recuperação de materiais que estejam avariados ou prestes a avariar, é essencial para uma boa gestão de armazéns.

Introdução ao armazém do futuro

Conteúdos do capítulo:

- O futuro da armazenagem.
- Custos da armazenagem.
- Soluções para os processos logísticos.

Após o estudo deste capítulo, você será capaz de:

1. prospectar os aspectos necessários para o futuro da armazenagem;
2. identificar os elementos necessários para o armazém do futuro;
3. reconhecer os principais custos da armazenagem;
4. elaborar projetos para a redução de custos no armazém;
5. desenvolver soluções para problemas logísticos, sobretudo em armazenagem com caráter inovador.

Caro leitor, você provavelmente já assistiu ao filme *De volta para o futuro*? Nesse longa, um carro é capaz de projetar pessoas no tempo tanto para o futuro quanto para o passado. Com base nessa experiência cinematográfica, você já parou para pensar como seriam os processos de logística e de armazenagem no futuro? Um século atrás, quem diria, por exemplo, que, por meio do uso de aplicativos, seria possível haver menos veículos nas ruas e transporte de qualidade a baixo custo?

capítulo 6

Você supõe que o armazém do futuro será mais rápido e ágil, com menos erros e livres de acidentes do trabalho, além de absorver menores custos? Certamente, o armazém do futuro contará com mais tecnologias na transformação digital de informações e automação. Ainda que seja difícil prever as tecnologias futuras voltadas à logística, não seria demais admitir que, mediante o uso de recursos inteligentes, um armazém atenderá, em qualquer lugar, às demandas dos clientes no tempo e com a qualidade esperados.

Há de se considerar que os custos da obtenção de tecnologias de ponta no Brasil são altos. Ao longo deste capítulo, analisaremos aspectos sobre o armazém do futuro, os custos da armazenagem, os indicadores, as tendências da armazenagem e as soluções inovadoras, uma vez que, para um gestor logístico, é fundamental a capacidade de propor soluções diferenciadas com foco na inovação, o que somente pode ser efetuado cultivando-se uma visão a longo prazo.

Para saber mais

NEGÓCIOS DA TERRA. **Investimento em armazenagem é um dos principais gargalos do agronegócio**. 21 jul. 2014. Disponível em: <https://www.youtube.com/watch?v=86cZfmvlaUo>. Acesso em: 13 jan. 2021.
Esse material trata sobre a importância dos investimentos em armazenagem para futuro do agronegócio.

6.1 O armazém do futuro

Quando pensamos em futuro, devemos refletir sobre planejamento e inovação, pois novos elementos tecnológicos surgem a todo momento e precisam ser implementados.

Agora, como são as operações na maioria das empresas que utiliza mão de obra humana? São voltadas à criação ou à repetição? As informações são compartilhadas entre os diversos setores da companhia? Fatores sobre melhoria da mobilidade são discutidos? A visão sobre a Indústria 4.0 está em pauta? Todos esses aspectos interferem significativamente no presente, mas, sobretudo, em como será o futuro do armazém.

As empresas modernas são dependentes de tecnologia, pois esse é um fator de produção fundamental para a manutenção de sua existência no mercado. Quando somados os recursos materiais, a matéria-prima e, principalmente, o conhecimento técnico da mão de obra nas operações logísticas, o resultado é o produto acabado, o qual se tornará competitivo ou não no mercado globalizado, mesmo com crises econômicas, políticas ou pandêmicas capazes de reduzir os níveis de estoques nos armazéns.

Pensemos no cenário atual: Por causa da crise do novo coronavírus, de acordo com a Confederação Nacional da Indústria (CNI), "Pesquisa feita pela Associação Brasileira da Indústria Elétrica e Eletrônica (Abinee) no começo de março de 2020 mostrou que 70% das empresas associadas já apresentam problemas com o abastecimento de componentes, que são produzidos majoritariamente na China e em outros países asiáticos" (Crise..., 2020).

Grandin, Sarmento e Tooge (2020) explicam o que é desabastecimento:

> *É quando há uma falta generalizada e duradoura de um produto, segundo o Ministério da Agricultura, Pecuária e Abastecimento.*
> "Quando falta um produto em determinados locais, ou por algum tempo, isso não caracteriza o desabastecimento, mas, provavelmente, um problema de fluxo da mercadoria, uma falta pontual de abastecimento, que pode ser superada por rápidas iniciativas do setor público e privado", informa o órgão.

O gestor logístico pós-moderno deve ter a preocupação de procurar medidas que otimizem o desempenho industrial, principalmente na armazenagem, na qual os materiais são guardados e distribuídos, mas estão sujeitos a fatores externos como, por exemplo, a inflação. Segundo Martins e Alt (2009), o Brasil está diante de um grande desafio industrial: passar para um modelo baseado na inovação, mesmo antes de ter dominado o modelo baseado no custo, na qualidade, na flexibilidade e na confiabilidade. As altas taxas de juros puxadas pelo dólar e a escassez de recursos tendem a baixar ou a aumentar os níveis de estoque nas empresas, pois uma demanda incerta de giro pode ser causada pelo desemprego, que reduz automaticamente as vendas e aumenta os estoques ou causa a alta do consumo pela corrida por determinado produto, o que esvazia as prateleiras. Esses fatores induzem as empresas a manter um estoque de segurança, para evitar problemas de abastecimento. Havendo a necessidade de reduções de estoques, esta deve ser avaliada e feita de maneira criteriosa, devendo-se preservar um nível adequado de materiais para o atendimento ao cliente.

> *O sistema de abastecimento de cada empresa é função do sistema de produção empregado por ela. Esse sistema aumenta a complexidade à medida que aumenta o número de intermediários, e mais críticos se tornam os mecanismos de programação e controle das entregas, já que estoques funcionam como amortecedores de erros, mas custam caro para a empresa. (Martins.; Alt, 2009, p. 387)*

Para Martins e Alt (2000, p. 63), "os baixos níveis de estoques podem levar a uma interrupção na produção por falta de produto". Os níveis de estoque de uma empresa, bem como a visão a longo prazo do gestor logístico e o olhar para o futuro da companhia, analisando as tendências do mercado (inicialmente o internacional, pois ele influenciará as demandas internas nacionais), são aspectos imprescindíveis para a manutenção de toda a organização. Essas ações são de extrema importância para que a indústria não sofra com muitas oscilações, principalmente as que requerem recuo de produção, pois o mercado é o primeiro a receber e a refletir os ventos da mudança econômica e os impactos da cadeia de abastecimento de produtos. Com isso, as previsões de produção devem ser bem calculadas, de acordo com as necessidades do mercado, evitando-se, assim, maiores perdas. Slack, Chambers e Johnston (2009, p. 4) explicam a administração da produção nos seguintes termos:

> *A administração da produção é a atividade de gerenciar recursos destinados à produção e disponibilização de bens e serviços. A função de produção é a parte da organização responsável por esta atividade. Toda organização possui uma função de produção porque toda organização produz algum tipo de produto e/ou serviço.*

A Figura 6.1 ilustra os setores industriais que dependem de algum tipo de suprimento e formam uma cadeia de abastecimento.

Figura 6.1 – Cadeia de abastecimento

Níveis altos de estoque, conforme sabemos, podem significar poucos problemas na produção, porém o gasto com a manutenção do armazém é alto. Esses gastos são resultado do espaço ocupado, do custo de capital e dos funcionários necessários para manter a estrutura, além do risco da perda de materiais por depreciação e de uma queda brusca na demanda, que pode levar a indústria a reduzir o ritmo ou até mesmo a estacionar.

Cabe salientar que o giro de estoques acontece toda vez em que os materiais saem dos armazéns e são substituídos por outros, iguais ou similares. Não havendo giro, os valores contábeis dos materiais do armazém ficam estacionados, causando prejuízos financeiros para a empresa, pois isso é um sinal de que as vendas não estão ocorrendo como o planejado, além do desperdício de materiais pela perda dos prazos de validade. Com a maturidade logística no trâmite de informações de armazenagem, o gestor é capaz de repassar a seus fornecedores informações mais precisas de compras, com previsões a longo prazo, garantindo a eficiência completa do produto para o varejista, sem quebras na produção.

Independentemente dos recursos tecnológicos empregados, há uma dificuldade de a empresa prever a demanda, pois essa tarefa está ligada à obtenção de dados históricos confiáveis, e as reações quanto ao consumo ou não de determinado bem ou serviço são imprevisíveis. Afinal, quem diria que, em 2020, o Brasil passaria por uma corrida em prol de produtos como o álcool em gel, respiradores em hospitais e serviços superdimensionados relativos à entrega, como os de *motoboy* e demais aplicativos de mobilidade urbana? Por esses motivos é que o gestor tem de fomentar uma visão a longo prazo e acompanhar as tendências do mercado, pois há riscos na precisão de demanda. Com isso, o gestor deve ter cautela na coleta dos dados para evitar erros em sua previsão, se subdimensionar ou superdimensionar a demanda, a produção pode ser afetada por vários fatores externos e sazonais inesperados.

Nessa perspectiva, muitas empresas utilizam o *Material Requirement Planning* (MRP), que pode ser traduzido por "planejamento das necessidades de materiais", para minimizar o investimento em estoques, visto que se trata de um sistema de inventário em que o cálculo é feito com base na quantidade de material necessária para determinado tipo de produção. Para tanto, o gestor utiliza uma carteira de pedidos com base em produções anteriores e realiza as previsões de compras que serão ou não validados pelo MRP.

Esse sistema é uma estratégia empregada por empresas modernas com o auxílio da tecnologia da informação, para que sejam efetuados cálculos de volume e tempo, em um grau de complexidade muito maior, ou seja, em termos práticos, significa obter o material certo, no ponto certo, no momento certo, em conformidade com a filosofia *just in time*. Tal precisão é possível pelo planejamento a longo prazo e foco em prioridades de produção, sem descartar a mão de obra especializada para operacionalizar os processos.

Exercício resolvido

A empresa Gama produz embalagens descartáveis em isopor para o comércio do ramo alimentício. Seu produto é de alta qualidade, o que a fez ganhar mais clientes e maior espaço no mercado em relação aos concorrentes. Contudo, nos últimos dois meses, a produção tem sofrido com a falta de matéria-prima, que não chega em tempo aos estoques, acarretando atrasos na manufatura e na entrega aos clientes. A empresa teme perder mercado, e, para que isso não se concretize, contratou um profissional técnico na área de logística, o qual deverá propor diversas melhorias, entre elas encontrar uma ferramenta prática.

Assinale a alternativa correta quanto à aplicação de uma ferramenta para a solução do problema apresentado:

    a. Aplicação do programa 5S para que as matérias-primas estejam mais bem organizadas e localizadas.
    b. Distribuição de calculadoras manuais entre os operadores, para que possam calcular melhor a produção.

> c. Implantação do planejamento das necessidades de materiais (*Material Requirement Planning* – MRP) para o cálculo preciso das quantidades de matérias-primas necessárias para a produção.
> d. Unitização das embalagens fazendo com que o sistema de transporte seja facilitado.
>
> Resposta correta: c. Com a implantação de um sistema de inventário como o MRP, o cálculo das quantidades de matérias-primas necessárias para a produção será muito mais preciso, sanando os problemas de atraso.

Para que uma empresa possa escolher como o produto será distribuído no mercado, ou seja, para quais categorias de clientes, regiões geográficas e em quais quantidades ele será entregue, é preciso que o gestor enxergue o futuro da armazenagem. Quanto maior for a ocupação de determinado produto ou serviço no mercado, maior será a força que a empresa deverá despender para melhorar os níveis de serviço de toda a sua cadeia de suprimento e reabastecimento, sobretudo no tocante à eficiência dos armazéns. Não se pode descartar os riscos nos esforços investidos em infraestrutura, tecnologia da informação e mão de obra nos armazéns para que se obtenha o retorno financeiro desejado.

A seguir, vejamos os custos da armazenagem.

6.2 Custos da armazenagem

Caro leitor, qual é a sua visão de estoques? Você acredita que o ideal é que uma empresa mantenha altos níveis de estoque garantindo o fluxo de produção sem interrupções e entrega imediata ao cliente? Isso seria sinônimo de segurança logística?

Se a sua resposta foi *sim*, ela não está errada, mas há de se ter cuidado, pois os estoques significam custos para empresa, uma vez que alguns elementos são necessários à segurança nos processos de armazenagem, como sistemas de monitoramento, comunicação, transporte integrado, mão de obra especializada e tecnologia que garanta o fluxo de informações. A manutenção desse sistema, porém, gera custos. Dito de outra forma, enquanto os materiais estiverem parados, o dinheiro da organização também estará, sendo que poderia ter sido investido em outra área do negócio ou mesmo na capacitação de mão de obra. Cabe, então, ao gestor logístico a estratégia de calcular e administrar precisamente os níveis de estoques adequados e necessários para cada tipo de negócio, equalizando as entradas e as saídas de recursos financeiros.

Basicamente, os custos de uma empresa, independentemente de seu porte, são praticamente os mesmos, havendo alterações de acordo com o grau de tecnologia aplicada para que toda a cadeia de abastecimento e suprimentos aconteça e com o volume e a característica dos itens armazenados.

Para saber mais

MARTINS, R. S. et al. Decisões estratégicas na logística do agronegócio: compensação de custos transporte-armazenagem para a soja no Estado do Paraná. **Revista de Administração Contemporânea**, v. 9, n. 1, p. 53-78, jan./mar. 2005. Disponível em: <https://www.scielo.br/pdf/rac/v9n1/v9n1a04.pdf>. Acesso em: 13 jan. 2021.
Esse material traz um exemplo de ramo de negócio em que as operações logísticas, sobretudo de armazenagem, são fundamentais para seu sucesso.

De forma geral, os principais recursos financeiros despendidos pelas empresas nos armazéns são destinados aos seguintes elementos:
- Layout do armazém.
- Aluguéis.
- Manutenção do espaço.

- Custos fixos, como água e energia elétrica.
- Mão de obra especializada.
- Impostos.
- Aquisição de ativo imobilizado, como máquinas e equipamentos.
- Aquisição de paletes.

Com isso, os custos da armazenagem devem ser muito bem calculados, pois podem onerar o preço final dos produtos que chegam às mãos dos clientes. Havendo altos custos com a armazenagem, a empresa perde em competitividade para outras organizações que administram com menos recursos financeiros os armazéns e, consequentemente, lançam produtos e serviços mais competitivos no mercado, do ponto de vista financeiro. Sem dúvida, no momento da compra, um dos fatores que mais influenciam o consumidor é o preço do produto oferecido.

O processo de formação de preços envolve o acúmulo de custos desde o momento da compra da matéria-prima, passando por etapas de processamento, armazenagem, embalagem, transporte e entrega, além de toda a mão de obra envolvida nesses processos, para que então se possa acrescentar uma margem de lucro. Na formação de preços, o maior cuidado é não deixar escapar nenhum item do custo, pois, do contrário, o empresário terá prejuízos.

Todavia, existem diversas estratégias administrativas e logísticas para que os custos de armazenagem sejam reduzidos:

- Reduzir o tempo de *lead time*.
- Reduzir o tempo no *picking*.
- Reduzir os níveis de estoque.
- Implementar programas de melhoria contínua e redução de perdas de materiais.
- Implementar sistemas de controle de estoques.

Para saber mais

GIMENES, A. M.; OLIVEIRA, M. J. de; SÃO LEÃO, W. G. Gestão de estoque: analisando o custo de armazenagem externa de uma empresa do ramo lácteo situada na região de Londrina, **Múltiplo Saber**, v. 30. Disponível em: <https://www.inesul.edu.br/revista/arquivos/arq-idvol_37_1436910010.pdf>. Acesso em: 13 jan. 2021.
Nesse artigo, os autores avaliam os custos de armazenagem externa e comparam os níveis de produção e serviços executados por uma organização do ramo lácteo.

Existem vários pontos que devem ser observados pelo administrador na formação de preços, como a distribuição dos custos comuns entre produtos e serviços, no desenvolvimento de um rateio; o volume de produção para o cálculo do custo unitário; as informações quanto aos tributos que incidem sobre o produto e suas alíquotas; e os custos com operação e depreciações. O preço ideal de venda é aquele que cobre os custos do produto ou do serviço e ainda proporciona o retorno desejado pela empresa. Cada produto exige tempo e cuidado diferenciados de armazenagem e, consequentemente, os custos para que esse processo ocorra se alteram.

Os custos para a armazenagem de materiais que necessitam de refrigeração, como alguns alimentos e medicamentos, são diferentes de outros materiais não perecíveis, pois dependem de cuidados com os prazos de validade, manuseio e temperatura. Logo, quanto mais cuidados os materiais necessitam, maiores são os custos com a armazenagem. Nesse aspecto, o trabalho do administrador logístico no suprimento de informações para toda a cadeia de abastecimento é de fundamental importância.

> *A função da administração de estoques é maximizar o efeito lubrificante no feedback de vendas e o ajuste do planejamento de produção. Simultaneamente deve minimizar o capital investido em estoques, pois ele é caro e aumenta continuamente, uma vez que o custo financeiro aumenta. Sem o estoque é impossível uma empresa trabalhar, pois ele funciona como amortecedor entre os vários estágios da produção*

até a venda final do produto. Quanto maior o investimento nos vários tipos de estoque (supondo que ele seja o estritamente necessário), tanto maiores são a capacidade e a responsabilidade de cada departamento. Para gerência financeira a minimização dos estoques é uma das metas prioritárias. (Dias, 2012, p. 7)

Para o cálculo dos custos da armazenagem, a curva ABC é uma ferramenta de gestão que auxilia a identificação e a classificação dos principais itens do estoque, fornecendo informações que podem otimizar a parte financeira da empresa, como o princípio da codificação de materiais para a melhor identificação e a previsão dos estoques.

Para Slack, Chambers e Johnston (2002, p. 403), "a curva ABC é uma ferramenta gerencial que auxilia a identificar quais itens necessitam de atenção especial, seja por lucro, por venda, alguma inconformidade ou produtividade com parâmetros específicos". Assim, ela contribui para o controle de estoque do analista logístico cuja decisão de compra pode se basear nos resultados obtidos pela ferramenta.

Em qualquer estoque que contenha mais de um item, alguns destes serão mais importantes para a organização do que outros. Alguns itens, por exemplo, podem ter uma taxa de uso alta, de modo que, se faltassem, muitos consumidores ficariam desapontados. Outros itens podem ter valores particularmente altos, de modo que os níveis de estoque excessivos seriam particularmente caros. (Slack, Chambers; Johnston, 2009, p. 401)

O custo da armazenagem nada mais é do que o valor necessário para que os materiais sejam guardados; com isso, havendo mais materiais a serem estocados, o custo de armazenagem tende a subir. Esse custo nunca será igual a zero, pois, ainda que não haja materiais a serem guardados, o custo do local físico, o armazém, deve ser considerado. Assim, é possível aplicar o seguinte raciocínio para o cálculo da armazenagem: a quantidade de materiais dividida por dois e multiplicada pelo tempo de armazenagem. O preço do produto e o coeficiente de armazenagem significa quanto custa guardar cada material em relação a seu próprio preço. Com base nessas informações, o gestor pode tomar decisões quanto às áreas prioritárias que requerem investimentos financeiros.

Quanto à função financeira de uma empresa, Braga (1989, p. 23) define:

> *A função financeira compreende um conjunto de atividades relacionadas com a gestão dos fundos movimentados por todas as áreas da empresa. Essa função é responsável pela obtenção dos recursos necessários e pela formulação de uma estratégia voltada para otimização do uso desses fundos. Encontrada em qualquer tipo de empresa, a função financeira tem um papel muito importante no desenvolvimento de todas as atividades operacionais, contribuindo significativamente para o sucesso do empreendimento.*

Uma vez identificados corretamente os custos com a armazenagem, os processos que envolvem a comunicação entre o setor de compras e os fornecedores de materiais tornam-se mais eficientes, pois serão solicitados os materiais realmente necessários. Com isso, o setor de compras pode aprofundar a pesquisa dos itens quanto às suas especificações técnicas, buscando por aqueles que ofereçam um maior custo-benefício para a empresa.

Empresas que apresentam produtos diferenciados com múltiplas características, como os supermercados, precisam de gerenciamento específico nos processos de armazenagem, pois os custos com operação e controle geralmente são elevados.

Exercício resolvido

A empresa Fit Ltda. é uma organização familiar, que acabou de ser assumida por José em um processo de partilha de herança. Sem muito conhecimento técnico, José tem a informação contábil de que o movimento no mês de setembro de 2020 chegou ao valor de R$ 50.000,00 no estoque. José não pertence à área da logística e precisa saber o custo de armazenagem total no mês corrente para que seja realizado o planejamento para previsões futuras até que um gestor com conhecimento técnico em logística seja contratado.

Assinale a alternativa que corresponde corretamente ao(s) item(ns) que deve(m) ser considerado(s) para o referido levantamento de cálculo:

> a. Aluguel, impostos, manutenção de máquinas e equipamentos, mão de obra.
> b. Mão de obra e máquinas.
> c. O volume dos produtos que serão guardados.
> d. A quantidade de materiais que serão guardados.
>
> Resposta correta: a. Os custos com aluguel, impostos, manutenção de máquinas e equipamentos e mão de obra devem ser levantados para o cálculo preliminar dos custos com armazenagem.

A acurácia de estoques é um indicador que mede a qualidade dos níveis de estoque do ponto de vista quantitativo e qualitativo. O objetivo da acurácia é identificar possíveis diferenças numéricas entre o número de elementos do estoque físico e o estoque contábil da empresa.

A situação ideal para as empresas é que o número de itens que estejam nas prateleiras seja o mesmo do sistema de controle da organização, o que, em certos casos, não acontece na prática, pois as possibilidades de erros humanos na contagem, perdas, avarias, deterioração e até mesmo furtos dos estoques são grandes. Gasnier (2002, p. 105-106) define a acuracidade como "sinônimo de qualidade e confiabilidade da informação".

Martins e Alt (2006) definem a fórmula da acuracidade como o número de itens com registros corretos dividido pelo número total de itens.

$$\frac{\text{Número de itens com registros corretos}}{\text{Número total de itens}}$$

A acuracidade é necessária para comparar o estoque físico com o saldo registrado no sistema de informação da empresa. Após a confirmação das informações numéricas e a definição da acuracidade do estoque, são emitidos relatórios para que as causas das divergências sejam tratadas e os ajustes realizados, melhorando, assim, os índices de acuracidade.

Exercício resolvido

Uma empresa tem três classes diferentes de produtos, A, B e C, e deseja realizar o cálculo da acuracidade dos estoques. Foram contados todos os itens das três classes e subtraídos aqueles que apresentavam divergência. Observe o quadro a seguir.

Quadro A – Cálculo da acuracidade

Item	N° de itens corretos	N° de itens com divergência	Acurácia	%
A	100	5	0,952	95,23%
B	200	5	0,975	97,56%
C	900	44	0,953	95,33%

Qual foi o item que apresentou melhor acurácia:

a. Item a.
b. Item b.
c. Item c.
d. Nenhum dos três itens, pois não foi atingido 100% de acuracidade.

Resposta correta: b. Esse é o item que chegou mais próximo de 100% de acuracidade. Ainda que a acurácia dependa das características do material a ser contado, muitos não chegam a 100% por motivos de depreciação e perdas naturais de seu processo de origem, como produtos do gênero alimentício, farmacêutico e também algumas matérias-primas com características químicas. Nesse exercício, deve-se considerar o item quem chega o mais próximo possível da excelência desejada, ou seja, de 100%.

A acuracidade, conforme sabemos, é o momento da contagem dos materiais nos estoques. Mas como esse processo pode ser medido? Por meio dos indicadores de desempenho, da elaboração de planilhas e da interpretação das informações por gráficos de desempenho.

O grande desafio dos gestores logísticos é ajudar as empresas a equalizarem seus níveis de estoque no tratamento de cada item, de forma individual. Os indicadores de desempenho podem auxiliar a interpretação dessas informações quantitativas para as tomadas de decisão pelo gestor.

6.3 Indicadores de desempenho

Toda organização precisa desenvolver ferramentas para a medição da qualidade de seus processos internos. Com a obtenção de dados numéricos que podem ser interpretados e demonstrados na forma de gráficos ascendentes ou descendentes, de acordo com a situação que os números apresentam, os gestores logísticos podem tomar decisões de curto, médio e longo prazos, salvaguardando os investimentos realizados para que os produtos e os serviços cheguem com competitividade ao mercado.

Os indicadores de desempenho, também conhecidos como *Key Performance Indicator* (KPI) e traduzido por "indicador-chave de desempenho", desde que bem construídos, podem mensurar o desempenho de qualquer área da logística, sobretudo a *performance* do armazém, propiciando melhorias nos processos de comunicação interna. Para Van Bellen (2004, p. 6), o objetivo principal dos indicadores "é o de agregar e quantificar informações de uma maneira que sua significância fique mais aparente. Os indicadores simplificam as informações sobre fenômenos complexos tentando, com isso, melhorar o processo de comunicação".

Para saber mais

SILVA, E. H. D. R. da; LIMA, E. P de. O estudo de indicadores de desempenho sob o enfoque da gestão estratégica nacional. **Gestão da Produção. Operações e Sistemas**, Bauru, ano 10, n. 3, p. 159-175, jul./set. 2015. Disponível em: <https://revista.feb.unesp.br/index.php/gepros/article/viewFile/1211/678>. Acesso em: 13 jan. 2021.
Esse material demonstra exemplos da aplicação de indicadores de desempenho e seus resultados nos setores operacionais das empresas.

As medições são muito importantes para o sucesso das operações logísticas, ainda que, na maioria das empresas, essa ação esteja voltada majoritariamente aos aspectos financeiros e de produção. O ideal é que os indicadores logísticos sejam aplicados em todos os processos da empresa e divididos em subáreas, como a armazenagem, em que é possível medir as áreas de recebimento, estocagem, embalagem, *picking,* ressuprimento, conferência e acuracidade. Enfim, todos os itens que envolvam a logística e a produtividade devem ser medidos. O uso de ferramentas da tecnologia da informação é capaz de estruturar indicadores confiáveis e de alta *performance*, menos suscetíveis a falhas e a perdas do que, por exemplo, planilhas construídas em Excel ou outro recurso manual.

Os indicadores de produtividade no armazém podem apresentar diversas variáveis: desde o tipo de produto que está sendo manuseado; se a prestação do serviço é para o atacado ou varejo; e até quanto ao *layout* do armazém no que se refere ao espaço destinado aos corredores. Isso significa que a produtividade de um armazém de grãos, por exemplo, é diferente da de um armazém de óleo combustível ou de um armazém de peças ou de alimentos.

Exercício resolvido

A empresa Ômega está crescendo rapidamente no mercado por meio do fornecimento de manta asfáltica de alta *performance*, com o uso de borracha reciclada em sua manufatura. Quando aplicado, o produto apresenta alta resistência, além de contribuir com o meio ambiente, pois a empresa realiza um processo de reciclagem para a obtenção dessa matéria-prima. A mesma empresa desenvolve outros subprodutos pelo processamento da borracha, mas está com dificuldades em mensurar quantitativamente o desempenho de seus processos internos.

Assinale a alternativa correta quanto à ação que deve ser tomada para que a empresa obtenha essas informações:

a. Aplicação do programa 5S para a organização das informações.
b. Aplicação de fichas de conferência.
c. Estruturação de indicadores de desempenho.
d. Substituição de mão de obra.
e. Aplicação de inventário físico.

Resposta correta: c. Com os indicadores de desempenho, o gestor logístico, em posse das informações quantitativas sobre as diversas áreas da empresa, pode medir o desempenho dos processos internos e tomar decisões mais acertadas.

O Quadro 6.1 descreve situações do armazém nas quais podem ser construídos indicadores logísticos de qualidade.

Quadro 6.1 – Indicadores de armazém

Armazém	Indicadores
Recebimento	• Como está a agenda do armazém? • Os fornecedores estão cumprindo data e horário? • Como está a produtividade em relação ao movimento de quantidades de materiais, hora/homem movimentada? • Há não conformidades no recebimento de materiais? Quantas? • Qual fornecedor gerou a não conformidade?
Estocagem	• Quantos paletes estão sendo guardados por colaborador por hora de trabalho? • O estoque mantém a mesma velocidade de recebimento? • Quanto tempo um pedido do cliente leva para ser processado no armazém? • Há problemas visuais como falta de iluminação no armazém?
Picking	• Como está a produtividade no *picking*? • Qual é a quantidade de operação peça/hora por colaborador?
Ressuprimento	• Qual é o tempo de reabastecimento de cada setor do armazém? • Há endereços "vazios" no armazém?
Conferência	• Há perdas no armazém? • Os dados dos materiais são verificados? • Quantos colaboradores cometeram erros?
Acuracidade	• O estoque físico é equivalente ao estoque contábil? • As perdas no armazém são menores ou maiores do que 90%?

Pela mensuração quantitativa, uma empresa obtém informações precisas quanto ao desenvolvimento de vários setores, sobretudo de armazenagem. Os indicadores de desempenho são recursos-chave para a observação do progresso ou não da organização. Dessa forma, o gestor poderá tomar decisões estratégicas com eficácia, focando esforços nas ações que precisam de melhor desempenho para que a competitividade no mercado seja alcançada.

A seguir vamos estudar tendências na armazenagem. O que será que o mercado espera da logística?

6.4 Tendências na armazenagem

Toda indústria conta com uma cadeia logística de abastecimento e suprimentos dependentes dos processos de armazenagem, os quais devem seguir um fluxo com informações logísticas. Para que o mercado consiga acompanhar as tendências, no lançamento de produtos e serviços inovadores, é necessária a integração de toda a rede, em um fluxo contínuo e integrado de informações, o que nem sempre acontece em grande parte das organizações. Segundo Ballou (2013, p. 78), "existem atividades que são de importância primária para se atingir os objetivos logísticos e atividades de apoio logístico".

A Figura 6.2 descreve o fluxo de materiais com base em informações para que os produtos e os serviços cheguem aos clientes.

Figura 6.2 – Fluxo dos produtos

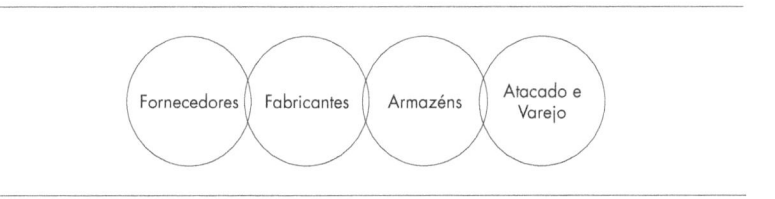

Fornecedores → Fabricantes → Armazéns → Atacado e Varejo

Uma rede logística estruturada é formada pelas diversas operações em torno dos armazéns, visando a uma gestão técnica e colaborativa das informações para que a eficiência aconteça em todo o processo, resultando em produtos e em serviços qualitativos e competitivos no mercado. É de fundamental importância que a comunicação entre os processos logísticos siga um fluxo contínuo que inicia nos fornecedores, passa pelos processos de fabricação e de armazenagem até chegar às mãos do cliente final, no atacado ou no varejo.

Os armazéns estruturados são uma tendência e uma necessidade do mercado atual, porém precisam ser planejados com foco na ampla rede de comunicação entre clientes e fornecedores, com olhar a longo prazo.

Nesse sentido, a logística integrada é o conjunto de operações associadas ao fluxo de informações e de materiais, desde o fornecedor até a entrada na empresa.

Para saber mais

VERÍSSIMO, N. MUSETTI, M. A. A tecnologia da informação na gestão de armazenagem. In: ENCONTRO NACIONAL DE ENGENHARIA DA PRODUÇÃO, 23., 2003, Ouro Preto. **Anais**... Disponível em: <http://www.abepro.org.br/biblioteca/ENEGEP2003_TR0112_0767.pdf>. Acesso em: 13 jan. 2021.
Esse material apresenta um exemplo de implementação de *softwares* de gestão para contribuir com a automatização dos sistemas de armazenagem.

Empresas que adotam modelos de produção tradicionais, como os de série, baseados no fordismo, deparam-se com outros modelos mais flexíveis para atendimento aos clientes, que estão cada vez mais exigentes quanto ao tempo estimado, o que solicita que as organizações empreguem o sistema *just in time*, o qual determina o que deve ser comprado para que não haja sobras de produção nos estoques.

Outra prática moderna que vem sendo aplicada e que pode fazer parte da logística é a terceirização. Visando a um maior aprimoramento das ações, muitas empresas terceirizam parte de suas operações logísticas, como as operações de armazenagem e transporte. Essa tem sido uma prática adotada por várias organizações para a redução dos custos e o aumento da eficiência logística. Com processos terceirizados, a empresa foca seus esforços em atividades estratégicas, deixando as funções operacionais sob a responsabilidade de prestadores de serviços logísticos. O controle de todas as operações tanto internas quanto terceirizadas é efetuado com o auxílio de ferramentas da tecnologia da informação (TI).

Para saber mais

STRASSBURG, U. O uso da logística na gestão de estoques, **Ciências Sociais Aplicadas em Revista**, v. 6, n. 11, 2006. Disponível em: <http://e-revista.unioeste.br/index.php/csaemrevista/article/view/367>. Acesso em: 13 jan. 2021.
Esse artigo evidencia a importância dos investimentos na logística de armazenagem, sobretudo em sistemas de informação.

Assim, neste contexto de produção moderna, torna-se fundamental a utilização de ferramentas de TI e sistemas de logística mais eficazes, com o olhar no futuro. Por consequência, as indústrias que optarem por novas estratégias, sobretudo as inovadoras, terão um diferencial no mercado.

6.5 Soluções inovadoras

A logística é uma ciência utilizada desde o período das grandes guerras militares travadas ao longo da história, pois, quando uma tropa militar tinha de abastecer determinada base com alimentos, medicamentos e munições, eram necessários planejamentos na lógica da movimentação. Naquele tempo, as pessoas que estavam à frente desse processo eram os oficiais militares responsáveis pelos assuntos de gestão logística em geral, com foco em garantir a distribuição de suprimentos e materiais, pois um dos objetivos da tropa adversária era justamente bloquear as ações logísticas para a manutenção da tropa inimiga.

Na história do Egito antigo, também se identificaram processos logísticos, desde a construção das grandes pirâmides, cujos processos em inovação são estudados até os dias atuais e servem de base para a engenharia civil, até a armazenagem de grãos para os faraós por longos períodos de tempo, de forma que os materiais sofressem o mínimo de depreciação possível.

Para saber mais

CHIBÁS, F. O.; PANTALEÓN, E. M.; ROCHA, T. A. Gestão da inovação e da criatividade hoje: apontes e reflexões. **Holos**, ano 29, v. 3, p. 15-26, 2013. Disponível em: <http://www2.ifrn.edu.br/ojs/index.php/HOLOS/article/viewFile/1082/678>. Acesso em: 13 jan. 2021.
Esse material mostra a relevância do estímulo à criatividade e à inovação para o sucesso dos negócios.

Com isso, a excelência logística é possível? Somente com inovação.

No cenário organizacional, a logística vem sendo aplicada desde a década de 1950, em razão da crescente complexidade das organizações que necessitam de uma cadeia de suprimentos eficiente, a baixos custos e, sobretudo, inovadora, passível de mudanças, de acordo com as tendências do mercado globalizado.

Para saber mais

GRÜTZMANN, A.; ZAMBALDE, A. L.; BERMEJO, P. H. de S. Inovação, desenvolvimento de novos produtos e as tecnologias internet: estudo em empresas brasileiras. **Gestão & Produção**, São Carlos, v. 26, n. 1, p. 1-15, 2019. Disponível em: <https://www.scielo.br/pdf/gp/v26n1/0104-530X-gp-26-1-e1451.pdf>. Acesso em: 13 jan. 2021.
Esse artigo apresenta um exemplo de inovação para o aprimoramento de produtos e serviços de uma empresa, com a aplicação de recursos de tecnologia da informação.

Nos últimos anos, vários setores industriais no Brasil vêm apresentando um nível de crescimento muito significativo. Isso ocorre em virtude do bom desempenho operacional aliado ao aumento de soluções inovadoras, principalmente no que tange à logística de armazenagem e distribuição, com lançamentos de produtos e serviços diferenciados a cada dia.

Ainda que em todo o mundo o ano de 2020 tenha sido de retração dos segmentos industriais, comerciais e de serviços, pela queda do consumo por causa da crise sanitária, econômica e política causada pelo novo coronavírus, a confiança dos consumidores voltou a crescer, refletindo-se na retomada de confiança de vários setores industriais.

Nesse cenário, espera-se que o público consumidor acompanhe as novas tendências do mercado e opte por inovar e trocar grande parte de seus bens de consumo, de forma a estimular as vendas e a personalização para nichos de mercados específicos, bem como aumentar as exigências de toda a cadeia logística. Paixão (2007, p. 19) defende que o "desenvolvimento de novos produtos está diretamente associado à identificação de necessidades e desejos dos clientes, com vista à exploração de uma oportunidade detectada. Mas, esse novo produto também pode estar relacionado a uma ameaça percebida pela empresa".

Se comparado ao mercado internacional, o Brasil perde em competitividade industrial. As inovações tecnológicas são onerosas para grande parte dos empresários e demanda tempo até conseguir captar recursos financeiros suficientes para adquirir ativos diferenciados do ponto de vista tecnológico a fim de otimizar a produção e toda a cadeia logística, sobretudo os armazéns.

Exercício resolvido

Uma empresa do ramo de cosméticos tem ampla conquista de mercado no segmento feminino, mas pretende destacar-se no ano de 2021 nos ramos masculino e infantil.

Assinale a alternativa correta quanto à área que essa empresa deve alocar investimentos para o alcance das metas almejadas:

a. Aumento da mão de obra para garantir a produção ampliada a longo prazo.
b. Compra de máquinas e equipamentos de grande porte.

> c. Planejamento voltado à inovação.
> d. Ampliação dos modais logísticos para garantir a entrega dos novos produtos.
>
> Resposta correta: c. Ainda que a ampliação de mão de obra, máquinas e equipamentos modais, logísticos e embalagens sejam necessários para o sucesso de uma empresa que esteja diversificando seu ramo de produção, inicialmente deve haver investimentos para o planejamento voltado à inovação. Somente produtos inovadores são capazes de garantir a conquista de novos segmentos de mercado, pois cosméticos para os públicos masculino e infantil já existem em grande escala produzidos por diversos outros concorrentes.

A tecnologia de ponta é um fator de produção fundamental à inovação, a qual, somada aos recursos materiais, matéria-prima e mão de obra especializada, forma o produto acabado, que se tornará competitivo ou não no mercado globalizado, pois os primeiros que lançam a inovação também são os expoentes em competitividade e, em alguns casos, são capazes de garantir a hegemonia de mercado.

> *O Brasil continua em penúltimo lugar no ranking geral do Competitividade Brasil, entre 18 economias selecionadas, à frente apenas da Argentina e logo atrás do Peru. [...] O Chile e o México [...] situam-se no terço intermediário (8^a e 12ª posição, respectivamente). As economias mais competitivas são: Coreia do Sul, Canadá, Austrália, China, Espanha e Tailândia. (CNI, 2020, p. 13)*

O Quadro 6.2 descreve a posição competitiva dos dezoito países selecionados pela CNI.

Quadro 6.2 – Posição competitiva dos 18 países selecionados

País	Posição
1º	Coreia do Sul
2º	Canadá
3º	Austrália
4º	China
5º	Espanha
6º	Tailândia
7º	Polônia
8º	Chile
9º	Rússia
10º	África do Sul
11º	Turquia
12º	México
13º	Indonésia
14º	Índia
15º	Colômbia
16º	Peru
17º	**Brasil**
18º	Argentina

Fonte: CNI, 2020, p. 14, grifo do original.

Tendo em vista as inúmeras oportunidades dos mercados nacional e internacional, justifica-se a necessidade de adequações em toda a cadeia logística da indústria brasileira, cabendo aos gestores procurar medidas que otimizem o desempenho e propiciem a inovação. Com a otimização de recursos tecnológicos cada vez mais avançados em máquinas e equipamentos diversos, os gestores logísticos das empresas devem desenvolver estratégias que proporcionem novas possibilidades de mercado.

Para saber mais

JOHN DEERE BRASIL. **Inovação em logística de colheita de cana**: especialista em ação – tendências do agronegócio (Ep 15). 17 dez. 2019. Disponível em: <https://www.youtube.com/watch?v=0ATtNKZxfgo>. Acesso em: 13 jan. 2013.
Esse vídeo mostra um exemplo prático de inovação em logística voltado a produtos da terra.

As grandes empresas, em atendimento às demandas do mercado, vêm buscando ferramentas que favoreçam a inovação no desenvolvimento de produtos e serviços. O uso de processos logísticos diferenciados, com o auxílio da tecnologia, contribui com melhorias no desempenho das atividades, gerando um diferencial competitivo no mercado globalizado.

A crescente abertura dos mercados nacional e internacional e o advento das tecnologias de ponta no ambiente industrial elevam a um maior grau os desafios de se encontrar soluções inovadoras tendo em vista a complexidade das operações logísticas. O novo cenário do mercado globalizado fomenta aquisições de novas habilidades e estratégias competitivas para garantir a permanência no mercado.

Síntese

- O armazém do futuro passa pela otimização desse segmento logístico.
- Os desafios empresariais para a manutenção de um armazém tecnológico, bem como o entendimento de suas características, necessidades e tendências futuras, estão sob a responsabilidade de gestores logísticos.
- É preciso que os gestores logísticos calculem os custos de armazenagem e seus resultados, bem como elaborem estratégias para reduzir os impactos econômicos dos armazéns nas empresas.
- Os indicadores de desempenho são importantes para a logística tendo em vista sua aplicabilidade e fornecimento de dados.
- É preciso propor soluções inovadoras para os processos logísticos, com o intuito de lançar produtos e serviços competitivos no mercado.

estudo de caso

Texto introdutório

Uma empresa está com problemas no seu processo de armazenagem. Entre o intervalo de tempo em que as embalagens são colocadas e retiradas das estantes, elas chegam na linha de produção avariadas. Muitas delas são descartadas, e as que são usadas colocam em risco a qualidade da matéria-prima que será processada na linha de produção. O desafio é propor intervenções logísticas, com modelos de boas práticas para sanar o problema.

Texto do caso

A empresa Gama é uma das líderes do mercado nacional na produção de selantes adesivos que serão utilizados na indústria automotiva para colar componentes plásticos dos automóveis e caminhões no momento final da produção. Fundada no ano de 1990 a organização possui unidade de produção e logística próprias. Atualmente a empresa fornece selantes adesivos para mais de dez montadoras de veículos leves e pesados espalhados em todo o país. Para continuar na liderança do mercado, o grupo de investidores da empresa planeja aumentar progressivamente seus investimentos na capacidade produtiva e na área de armazenamento da unidade brasileira onde já foram instalados novos equipamentos de produção que proporcionam grandes benefícios logísticos para atender o mercado nacional. Porém a empresa está apresentando problemas de entrega, pois parte do material utilizado é importada da matriz que se localiza em Portugal. Em alguns momentos, esse processo de importação se torna um problema, já que os atrasos no abastecimento do material na fábrica ocasionam em falhas na entrega do produto final para os clientes, ou seja, no cumprimento dos prazos acordados. Nos últimos meses houve também várias reclamações dos clientes do segmento automotivo quanto à textura do selante adesivo, que estão fora dos padrões de qualidade desejados uma vez que não estão aderindo adequadamente às peças automotivas.

Devido ao atraso na entrega das matérias-primas no armazém da fábrica, os materiais são rapidamente estocados, sem passar por qualquer tipo de procedimento de inspeção ou qualidade, apenas são conferidos os lotes e os prazos de validade.

Frente a esta problemática, o presente estudo de caso visa propor melhorias para a empresa Gama, elaborando um diagnóstico, destacando seus principais gargalos que influenciam diretamente o armazém e consequentemente a produção. Dessa forma, espera-se a proposição de melhorias para a cadeia logística que, se aplicadas, tornem o fluxo de informações e de materiais mais eficiente e produtivo, aumentando, assim, o desempenho operacional da organização.

Resolução

É possível perceber que a empresa tem problemas de planejamento para o controle da produção. Analisando o fluxo apresentado no estudo de caso, seguem sugestões:

- Realizar reuniões mensais com as equipes operacionais e de coordenação para levantar o diagnóstico da situação atual do armazém e da fábrica.

- Elaborar planilha de planejamento de produção para realizar compras de matérias-primas.
- Entrar em contato com cada um dos clientes automotivos para estimar demandas de produção a longo prazo e, consequentemente, alimentar a planilha de planejamento de produção.
- Implementar, no armazém, a prática de estoque mínimo de segurança.
- Implementar políticas de gestão da qualidade para o recebimento de materiais.
- Efetuar treinamento com as equipes de recebimento de materiais para a inspeção dentro dos procedimentos de qualidade.
- Efetuar treinamento em saúde e segurança do trabalho com os operadores de empilhadeira.

Dica 1

Muitas são as estratégias de reunião para a sensibilização de equipes de trabalho em prol de melhorias que precisam ser implementadas nos sistemas operacionais das fábricas. O importante é que todos os membros reunidos tenham a mesma oportunidade de falar. Dessa forma, o diagnóstico da situação real da empresa, tão almejado, será mais preciso se orientado por informações mais próximas da realidade. Uma possível ferramenta de gestão e qualidade a ser utilizada é o *brainstorming*, também conhecida na literatura como "chuva de ideias" ou "toró de palpites".

Sugerimos a visualização do seguinte vídeo:
DREAMU. 5 passos para um Brainstorming perfeito. 1 set. 2017. Disponível em: <https://www.youtube.com/watch?v=-_M2YR76QqA>. Acesso em: 13 jan. 2021.

Dica 2

Como obter informações estratégicas de demanda junto aos clientes? É preciso demonstrar disponibilidade e vontade de continuar sendo fornecedor dessas conceituadas empresas. Vale explicar também que, com essas informações, os atrasos na entrega dos selantes adesivos podem ser corrigidos de maneira mais eficiente, além de aumentar a qualidade do produto. A reunião com os clientes tem de ser baseada cientificamente, podendo se orientar pelo ciclo PDCA.

Sugerimos a visualização do seguinte vídeo:

PDCA Gestão de Processos. 18 maio 2014. Disponível em: <https://www.youtube.com/watch?v=vWtyagTSmqM>. Acesso em: 13 jan. 2021.

Dica 3

É necessário investir em treinamento e desenvolvimento dos colaboradores, considerando-se que a saúde e a segurança no trabalho é a base para o sucesso de uma organização. Os funcionários de uma empresa precisam se sentir informados, seguros e capacitados para atuar com inúmeros desafios diários de produção, além de terem a ciência de que são responsáveis, junto com a empresa, pelo suprimento de selantes adesivos à indústria automotiva em quase todo o Brasil.

Sugerimos a visualização do seguinte vídeo:

SAÚDE, segurança e higiene no trabalho. 17 abr. 2015. Disponível em: <https://www.youtube.com/watch?v=o29XLUoeHsk>. Acesso em: 13 jan. 2021.

considerações finais

O sucesso das empresas está diretamente relacionado às decisões voltadas às ações estratégicas de logística, as quais devem ser tomadas pelos gestores das organizações conforme sua área de atuação. Para tanto, muitas vezes são necessárias mudanças nas formas de trabalho a fim de promover a inovação nos armazéns, através de sistemas informatizados e automatizados, de forma que os produtos acabados sejam entregues aos clientes nos tempos acordados, além da necessidade de suprimento de matéria-prima nas linhas de produção.

Com o uso inteligente da indústria, as empresas se tornam ainda mais competitivas no mercado globalizado, altamente exigente e alocado em um contexto em que não há mais barreiras físicas e temporais que distanciam a empresa de seu cliente.

Observa-se que muitas empresas tomam decisões aleatórias no tocante à gestão logística, ou seja, realizam escolhas com pouco (ou nenhum) aparato técnico, tanto no que se refere ao atendimento do cliente interno quanto do cliente externo. Quando as atividades que envolvem armazenagem não são planejadas adequadamente, custos desnecessários são despendidos, onerando ainda mais as empresas que precisam produzir e vender para sobreviver no mercado.

Logo, é necessário que os gestores discutam as estratégias mais adequadas de logística, sobretudo de armazenagem, as quais, em grande parte, devem ser aplicadas de forma diferenciada, ou seja, direcionada especificamente para cada tipo de produto ou serviço, obtendo retornos quantitativos de produção e venda.

Ainda que os custos sejam um fator impeditivo para a aplicação de estratégias mais arrojadas, a inovação pode estar presente em diversas operações logísticas. Vale ressaltar que, em muitos casos, o próprio cliente é quem promove a empresa, gratuitamente, realizando uma avaliação positiva ou indicando os produtos e serviços que lhe proporcionaram satisfação para outras pessoas físicas e jurídicas, o que aumenta os índices de produção nas indústrias e no setor de vendas.

Entretanto, é de fundamental importância que a empresa invista esforços na informatização, na automação, na compra de equipamentos modernos e demais tecnologias necessárias para melhorar as formas de comunicação e desempenho entre as operações logísticas.

De forma a promover o conhecimento e a capacidade resolutiva do leitor, o Capítulo 1 apresentou de modo mais geral o mundo da logística e da armazenagem, bem como fez uma retomada histórica dessa área, considerando-se o desenvolvimento das sociedades.

O Capítulo 2 abordou a *expertise* do gestor de armazém na escolha da localização do armazém e dos tipos de armazenagem.

O Capítulo 3 tratou dos espaços físicos e da capacidade de armazenagem, fornecendo o fio condutor para o debate realizado no Capítulo 4, que trabalhou com os procedimentos de controle de qualidade no armazém, na movimentação e no abastecimento interno.

Por fim, os Capítulos 5 e 6 abordaram a temática de atividades de expedição, robôs nos armazéns, automatização e o armazém do futuro.

Em suma, esta obra explicitou os motivos pelos quais a logística não deve ser praticada de forma aleatória pelas empresas. É necessário contratar profissionais qualificados para os estudos do ambiente, das matérias-primas, da estrutura interna, das máquinas, dos equipamentos e, até mesmo, de funcionários qualificados, visto que eles são igualmente responsáveis pela produção de materiais e serviços que abastecem o mercado. Todavia, e por fim, vale lembrar que toda e qualquer estratégia logística deve ser iniciada pelo planejamento.

referências

ABNT - Associação Brasileira de Normas Técnicas. **NBR 15524**: sistema de armazenagem. Parte 2: diretrizes para o uso de estruturas tipo porta-paletes seletivos. Rio de Janeiro, 2007.

BALLOU, R. H. **Logística empresarial**: transportes, administração de materiais e distribuição física. São Paulo: Atlas, 2013.

BOWESOX, D. J.; CLOSS, D. J. **Logística empresarial**: o processo de integração da cadeia de suprimento. São Paulo: Atlas, 2010.

BRAGA, R. **Fundamentos e técnicas da administração financeira**. 1. ed. São Paulo: Atlas, 1989.

BRASIL. Lei n. 8.078, de 11 de setembro de 1990. **Diário Oficial da União**, Poder Legislativo, Brasília, DF, 12 set. 1990. Disponível em: <http://www.planalto.gov.br/ccivil_03/leis/l8078compilado.htm>. Acesso em: 12 jan. 2021.

BRASIL. Lei n. 12.305, de 2 de agosto de 2010. **Diário Oficial da União**, Poder Legislativo, Brasília, DF, 3 ago. 2010. Disponível em: <http://www.planalto.gov.br/ccivil_03/_ato2007-2010/2010/lei/l12305.htm>. Acesso em: 6 jan. 2021.

BRASIL. Agência Nacional de Aviação Civil. **Drones**. Disponível em: <https://www.anac.gov.br/assuntos/paginas-tematicas/drones>. Acesso em: 12 jan. 2021a.

BRASIL. Ministério da Indústria, Comércio e Serviços. Agência Brasileira de Desenvolvimento Industrial. **Agenda brasileira para a Indústria 4.0**. Disponível em: <http://www.industria40.gov.br/>. Acesso em 12 jan. 2021b.

BRASIL. Ministério do Trabalho. Norma Regulamentadora 11: transporte, movimentação, armazenagem e manuseio de materiais. **Diário Oficial da União**, Poder Executivo, Brasília, DF, 6 jul. 1978. Disponível em: <http://www.guiatrabalhista.com.br/legislacao/nr/nr11.htm>. Acesso em: 5 jan. 2021.

BRASIL. Ministério do Trabalho. Secretaria de Inspeção do Trabalho. Portaria n. 229, de 24 de maio de 2011. **Diário Oficial da União**, Poder Executivo, Brasília, DF, 27 maio 2011. Disponível em: <http://www.normaslegais.com.br/legislacao/portariasit229_2011.htm>. Acesso em: 5 jan. 2021.

BRASIL. Ministério dos Transportes. Agência Nacional de Transportes Terrestres. Resolução n. 420, de 12 de fevereiro de 2004. **Diário Oficial da União**, Poder Executivo, Brasília, DF, 12 fev. 2004 Disponível em: <http://www.sbpc.org.br/upload/conteudo/320110405154556.pdf>. Acesso em: 8 jan. 2021.

CHIAVENATO. I. **Administração nos novos tempos**. 2. ed. Rio de Janeiro: Campus, 1999.

CHIAVENATO, I. **Gestão de pessoas**: o novo papel dos recursos humanos nas organizações. 3. ed. Rio de Janeiro: Elsevier, 2010.

CHING, H.Y. **Gestão de estoques na cadeia de logística integrada**: suplly chain. São Paulo: Atlas, 1999.

CNI – Confederação Nacional da Indústria. Competitividade Brasil 2019-2020. Brasília: CNI, 2020. Disponível em: <https://static.portaldaindustria.com.br/media/filer_public/ca/fc/cafc2274-9785-40db-934d-d1248a64dd94/competitividadebrasil_2019-2020_v1.pdf>. Acesso em: 12 jan. 2021.

COBRA, M. **Administração de marketing no Brasil**. 3. ed. Rio de Janeiro: Elsevier, 2009.

CORRÊA, H. L; GIANESI, I. G. N.; CAON, M. **Planejamento, programação e controle da produção**: MRP II/ERP – conceitos, uso e implantação. 4. ed. São Paulo: Atlas, 2001.

COSTA NETO, P. L. de O. (Coord.). **Qualidade e competência nas decisões**. São Paulo: Blucher, 2007.

CRISE do novo coronavírus promove desafios para a indústria e para o Brasil. **Agência CNI de Notícias**, 23 mar. 2020. Disponível em: <https://noticias.portaldaindustria.com.br/noticias/economia/crise-do-novo-coronavirus-promove-desafios-para-a-industria-e-para-o-brasil/>. Acesso em: 13 jan. 2021.

CURY, A. **Organização e métodos**: uma visão holística. 7 ed. São Paulo: Atlas, 2000.

DIAS, M. A. P. **Administração de materiais**: princípios, conceitos e gestão. 6. ed. São Paulo: Atlas, 2011.

DIAS, M. A. P. **Administração de materiais**: uma abordagem logística. 4. ed. São Paulo: Atlas, 1993.

DIAS, M. A. P. **Administração de materiais**: uma abordagem logística. 6. ed. São Paulo: Atlas, 2012.

DIAS, M. A. P. **Logística, transporte e infraestrutura**. São Paulo: Atlas, 2012.

DIAS, S. R. (Coord.). **Gestão de marketing**. São Paulo: Saraiva, 2006.

DRUCKER, P. F. **Fator humano e desempenho**: o melhor de Peter Drucker sobre a administração. 3. ed. São Paulo: Pioneira, 1997.

ESTATÍSTICAS ECONÔMICAS. Produção industrial avança 8,9% em junho de 2020. **Agência IBGE Notícias**, 4 ago. 2020. Disponível em: <https://agenciadenoticias.ibge.gov.br/agencia-sala-de-imprensa/2013-agencia-de-noticias/releases/28446-producao-industrial-avanca-8-9-em-junho-de-2020>. Acesso em: 12 jan. 2021.

FLEURY, P. F.; WANKE, P.; FIGUEREDO, K. F. (Org.). **Logística empresarial**: a perspectiva brasileira. São Paulo: Atlas, 2003.

GALLIANO, A. G. **O método científico**: teoria e prática. São Paulo: Mosaico, 1979.

GASNIER, D. G. **A dinâmica dos estoques**: guia prático para planejamento, gestão de materiais e logística. São Paulo: Imam, 2002.

GRANDIN, F.; SARMENTO, G.; TOOGE, R. Coronavírus e desabastecimento: veja perguntas e respostas sobre a questão dos alimentos no Brasil. **G1**, Economia, 20 mar. 2020. Disponível em: <https://g1.globo.com/economia/noticia/2020/03/20/coronavirus-e-desabastecimento-veja-perguntas-e-respostas-sobre-a-questao-dos-alimentos-no-brasil.ghtml>. Acesso em: 13 jan. 2021.

GUARNIERI, P. et al. WMS – *Warehouse Management System*: adaptação proposta para o gerenciamento da logística reversa. **Produção**, Curitiba, v. 16, n. 1, p. 126-139, jan./abr. 2006. Disponível em: <https://www.scielo.br/pdf/prod/v16n1/a11v16n1>. Acesso em: 12 jan. 2021.

JURAN, J. M. **Planejando para a qualidade**. 3. ed. São Paulo: Pioneira, 1995.

KOTLER, P.; KELLER, K. L. **Administração de marketing**. 14. ed. São Paulo: Pearson Education do Brasil, 2012.

LACOMBE, F. **Recursos humanos**: princípios e tendências. 2. ed. São Paulo: Saraiva, 2011.

MARRAS, J. P. **Administração de recursos humanos**. São Paulo, Saraiva, 2011.

MARSHALL JUNIOR, I. et al. **Gestão da qualidade**. 8. ed. Rio de Janeiro: FGV, 2006.

MARTINS, P. G.; ALT, P. R. C. **Administração de materiais e recursos patrimoniais**. São Paulo: Saraiva, 2000.

MARTINS, P. G.; ALT, P. R. C. **Administração de materiais e recursos patrimoniais**. 2. ed. São Paulo: Saraiva, 2006.

MARTINS, P. G.; ALT, P. R. C. **Administração de materiais e recursos patrimoniais**. 3. ed. São Paulo: Saraiva, 2009.

MARTINS, P. G.; LAUGENI, F. P. **Administração da produção**. 2. ed. São Paulo: Saraiva, 2005.

MAXIMIANO, A. C. A. **Introdução à administração**. 8. ed. São Paulo: Atlas, 2011.

MELLO, M. F. de; ANUNCIAÇÃO, M. A. de. Logística reversa dos paletes: um estudo de caso. **Engevista**, v. 17, n. 1, p. 136-151, mar. 2015. Disponível em: <https://periodicos.uff.br/engevista/article/download/9013/6484>. Acesso em: 11 jan. 2020.

MENDES, V. MPT vai investigar morte de 3 trabalhadores em armazéns em Mato Grosso. **Olhar Jurídico**, 29 mar. 2019. Disponível em: <https://www.olharjuridico.com.br/noticias/exibir.asp?id=39848&noticia=mpt-vai-investigar-mortes-de-3-trabalhadores-em-armazens-em-mato-grosso>. Acesso em: 11 jan. 2021.

MOURA, C. E. de. **Gestão de estoques**. Rio de Janeiro: Ciência Moderna, 2004.

NONAKA, I.; TAKEUCHI, H. **Criação de conhecimento na empresa**: como as empresas japonesas geram a dinâmica da inovação. 11. ed. Rio de Janeiro: Campus, 1997.

PAIM, R. et al. **Gestão de Processos**: pensar, agir, aprender. Porto Alegre: Bookman, 2009.

PAIXÃO, M. V. **Desenvolvendo novos produtos e serviços**. 20. ed. Curitiba: IBPEX, 2007.

PARANÁ. Administração dos Portos de Paranaguá e Antonina. **Missão, visão e valores**. Disponível em: <http://www.portosdoparana.pr.gov.br/Pagina/Missao-Visao-e-Valores>. Acesso em: 6 jan. 2021.

PARANÁ. Agência de notícias do Paraná. **Volume de soja exportado pelo Paraná já supera o total de 2019**. 4 set. 2020a. Disponível em: <http://www.aen.pr.gov.br/modules/noticias/article.php?storyid=108665>. Acesso em: 7 jan. 2021.

PARANÁ. Agência de Notícias do Paraná. **Distribuição de caixas d'água pela Sanepar segue critérios técnicos**. 14 ago. 2020b. Disponível em: <http://www.aen.pr.gov.br/modules/noticias/article.php?storyid=108366&tit=Distribuicao-de-caixas-dagua-pela-Sanepar-segue-criterios-tecnicos>. Acesso em: 7 jan. 2021.

RAMOS, E. Número de acidentes de trabalho no Brasil e no RS segue alto. **Tribunal Regional do Trabalho da 4ª Região – Rio Grande do Sul**, 12 ago. 2020. Disponível em: <https://www.trt4.jus.br/portais/trt4/modulos/noticias/305976#:~:text=No%20Brasil%2C%20a%20cada%20minuto,para%20as%20quais%20foi%20contratado.&text=Isto%20%C3%A9%2C%20se%20os%20acidentes,do%20que%20a%20do%20coronav%C3%ADrus>. Acesso em: 7 jan. 2021.

RODRIGUES, P. R. A. **Gestão estratégica da armazenagem**. 2. ed. São Paulo: Aduaneiras, 2009.

RUAS, R.; ANTONELLO, C. S.; BOFF, L. H. **Os novos horizontes da gestão**: aprendizagem organizacional e competências. Porto Alegre: Bookman, 2005.

SANTOS, I. M. A. dos. **Análise de investimentos**. 2009. Disponível em: <http://vigo.ime.unicamp.br/Projeto/2009-2/MS777/ms777_ieda.pdf>. Acesso em: 12 jan. 2021.

SELEME, R.; STADLER, H. **Controle da qualidade**: as ferramentas gerenciais, abordagem gerencial. Curitiba: InterSaberes, 2012. (Série Administração da Produção).

SILVA, A. F. da. **Fundamentos de logística**. Curitiba: Livro Técnico, 2012.

SILVA, G. C. S. da; ANDRADE, R. de C. P. de; SILVA, C. F. D. da. Análise dos impactos da implantação de um sistema de código de barras em uma indústria metalúrgica: um estudo de caso. In: ENCONTRO NACIONAL DE ENGENHARIA DE PRODUÇÃO, 28., Rio de Janeiro, 2008. **Anais**... Disponível em: <http://www.abepro.org.br/biblioteca/enegep2008_TN_STO_069_491_11371.pdf>. Acesso em: 12 jan. 2021.

SILVA, G. Q. da. et al. Análise de estratégia de picking aplicada a armazém de empresas de autopeças por meio de simulação discreta. In: SIMPÓSIO DE EXCELÊNCIA EM GESTÃO E TECNOLOGIA, 12., Resende, 2015. **Anais**... Disponível em: <https://www.aedb.br/seget/arquivos/artigos15/22222338.pdf>. Acesso em: 12 jan. 2021.

SILVA, L. A. T. **Logística no comércio exterior**. 2. ed. São Paulo: Aduaneiras, 2013.

SLACK, N.; CHAMBERS, S.; JOHNSTON, R. **Administração da produção**. 2. ed. São Paulo: Atlas, 2002.

SLACK, N.; CHAMBERS, S.; JOHNSTON, R. **Administração da produção**. 3. ed. São Paulo: Atlas, 2009.

STUTELY, R. **O guia definitivo do plano de negócios**: planejamento inteligente para executivos e empreendedores. 2. ed. Porto Alegre: Bookman, 2012.

VAN BELLEN, H. M. Indicadores de sustentabilidade: um levantamento dos principais sistemas de avaliação. **Cadernos EBAPE.BR**, v. 1, n. 1, p. 1-14, mar. 2004. Disponível em: <https://www.scielo.br/pdf/cebape/v2n1/v2n1a02.pdf>. Acesso em: 12 jan. 2021.

VIANA, J. J. **Administração de materiais**: um enfoque prático. São Paulo: Atlas, 2002.

WERNKE, R. **Gestão financeira**: ênfase em aplicações e casos nacionais. São Paulo: Saraiva, 2010.

bibliografia comentada

BALLOU, R. H. **Logística empresarial**: transportes, administração de materiais e distribuição física. São Paulo: Atlas, 2013.

Esse livro aborda questões referentes à gestão do espaço físico, ao *layout* do armazém e à importância da administração de materiais para que o transporte e a distribuição física ocorra com a máxima excelência. O manuseio de materiais é tratado sob vários aspectos que envolvem equipamentos e instrumentos de movimentação, até os cuidados necessários para com as embalagens e a aplicação de atividades de unitização, por exemplo, pois o autor considera os diversos modais e sistemas intermodais utilizados nas indústrias: por terra, trilhos, água ou ar.

CHIAVENATO. I. **Administração nos novos tempos**. 2. ed. Rio de Janeiro: Campus, 1999.

O livro abrange todas as áreas da administração de empresas, com foco em logística e uma visão moderna voltada ao mercado globalizado. Após uma introdução à administração dos novos tempos, a obra divide-se nas áreas de conhecimento centralizadas em planejamento, organização, liderança, controle e ações emergentes com foco na administração estratégica. A escrita desse autor abre oportunidades a discussões e debates a partir dos temas propostos. Ainda que essa obra seja da área de administração, é de suma importância que um profissional de logística tenha uma visão integral da dimensão de uma empresa para bem operacionalizá-la.

CHING, H.Y. **Gestão de estoques na cadeia de logística integrada**: suplly chain. São Paulo: Atlas, 1999.

Esse livro trata da importância do planejamento para o sucesso das operações logísticas através da integração de informações. O autor enfatiza quão fundamental é o processo de comunicação com os fornecedores para que a compra seja realizada com excelência e as operações de manufatura ocorram de modo a fazer fluir a cadeia logística a fim de alcançar o *suplly chain*. O autor desenvolve uma metodologia voltada para uma visão interna da cadeia, no desenvolvimento das funções logísticas relacionadas ao fluxo de materiais e informações dentro do processo produtivo de excelência.

DIAS, A. M. P. **Logística, transporte e infraestrutura**. São Paulo: Atlas, 2012.

O livro aborda questões de armazenagem com foco nas operações logísticas de transporte no tocante aos modais rodoviário, ferroviário, aquaviário, aéreo, e às várias possibilidades de integração entre eles. Além de detalhar cada tema proposto, o autor elucida situações práticas dos armazéns e de toda a cadeia de abastecimento logístico, com a aplicação e recursos de tecnologia da informação, com foco no mercado e na legislação vigente.

RODRIGUES, P. R. A. **Gestão estratégica da armazenagem**. 2. ed. São Paulo: Aduaneiras, 2009.

Esse livro apresenta os principais pontos positivos e negativos dos processos de armazenagem, descrevendo processos minuciosos, tais como cargas perigosas, unitização de embalagens e conteinerização. A obra trata também dos procedimentos de entrega e recebimento de materiais desde o planejamento, custos, equipamentos de transporte e movimentação, de acordo com as normas regulamentadoras, além de outros fatores importantes para a qualidade do processo de armazenagem, como a aplicação de recursos da tecnologia da informação e indicadores de desempenho. O autor se comunica com o leitor opinando sobre particularidades da logística brasileira relativas aos portos, às interfaces dos processos de importação e exportação, além dos trâmites de armazenagem na alfândega.

sobre a autora

Daniele Melo de Oliveira é graduada em Administração de Empresas pela Fundação de Estudos Sociais (Fesp) do Paraná; especialista em Logística Empresarial e em Gestão e Liderança Educacional pela Faculdade de Administração de Empresas (FAE) do Paraná e em Gestão do Conhecimento nas Organizações pela Universidade Tecnológica Federal do Paraná (UTFPR); mestre em Ciência, Tecnologia e Sociedade pelo Instituto Federal do Paraná (IFPR). É auditora interna da qualidade formada pelo Serviço Nacional de Aprendizagem Industrial do Paraná (Senai/PR), além de ter diversos cursos de qualificação profissional de caráter multidisciplinar que desenvolveu ao longo de sua carreira, como organização de eventos e *workshops*, segurança de dados e *big data*. Já trabalhou com logística em uma empresa multinacional do ramo automotivo do município de Pinhais, no Paraná. Há mais de dez anos atua como docente dos cursos técnicos de qualificação e de aprendizagem industrial no Senai/PR nas diversas disciplinas do curso de Administração de Empresas, além da participar do curso Técnico em Logística nas disciplinas de Armazenagem, Transporte e Embalagem.

Os papéis utilizados neste livro, certificados por instituições ambientais competentes, são recicláveis, provenientes de fontes renováveis e, portanto, um meio **respons**ável e natural de informação e conhecimento.

FSC
www.fsc.org
MISTO
Papel produzido a partir de fontes responsáveis
FSC® C103535

Impressão: Reproset
Abril/2021